건강한 삶 속에서만이 행복한 인생이 꽃필 수 있다!

현대
지압맛사지법 교본

현대레저연구회편

太乙出版社

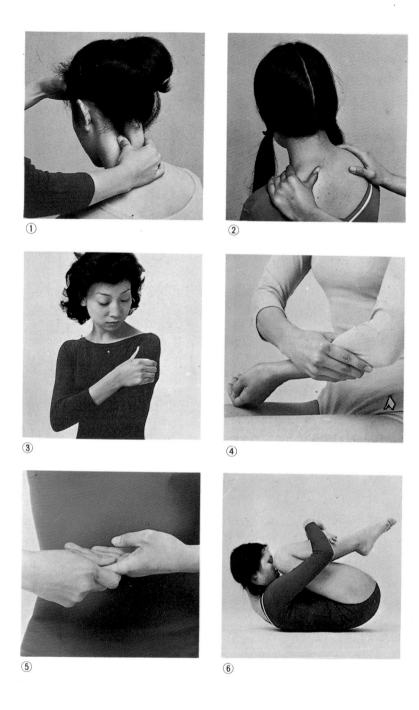

① ② ③ ④ ⑤ ⑥

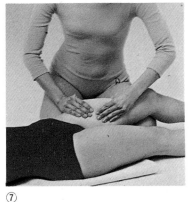

⑦

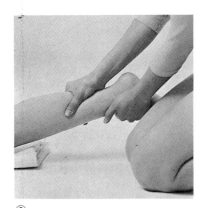

⑧

① 경(頸)의 모지압박법(母指圧
   迫法)
② 어깨의 수장유날법(手掌揉捏法
③ 상완부(上腕部)의 수장유날법
   (手掌揉捏法)
④ 전완부(前腕部)의 수장유날법
   (手掌揉捏法)
⑤ 손가락의 신전법(伸展法)
⑥ 요통체조(윌리엄스 체조)
⑦ 대퇴부의 쌍수유날법
⑧ 비복부(腓腹部)의 간헐압박법
   (間歇圧迫法)
⑨ 비복부의 신전법(伸展法)

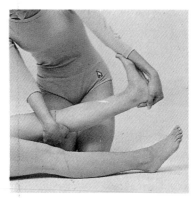

⑨

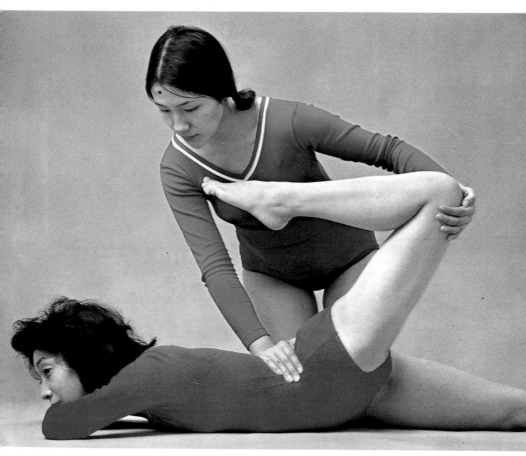

▲고관절(股関節)과 대퇴부(大腿部)의 신전법(伸展法)

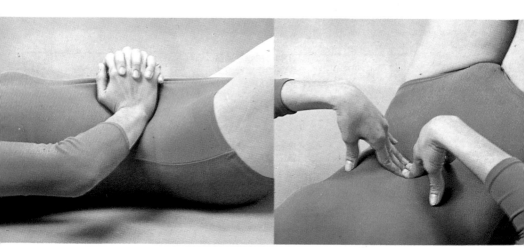

▲복부의 쌍수 유날법(双手揉捏法)　　　　▲복부의 압박법(圧迫法)

건강한 삶 속에서만이 행복한 인생이 꽃필 수 있다!

현대
지압맛사지법 교본

현대레저연구회편

太乙出版社

첫머리에 *

건강하고 행복한 삶을 위하여

　지압 (指壓) 이라 함은 우리 몸의 각 부위를 손가락으로 눌러서 근육에 쌓인 피로를 풀어줌으로써 병을 사전에 예방하고, 나아가 이상 부위를 치료하는 일종의 물리요법이다. 여기에 맛사지 요법을 곁들인 것이 '지압 맛사지법' 이다.

　현대인의 하루 일과는 끊임없는 번민과 육체적으로도 쫓기는 생활의　연속이다. 따라서 날마다 쌓이는 피로는 삶에 권태를 주게 되고, 그것이 커지다보면 자기도 모르는 사이에 병이 되어 삶을 암울하게 만들어 놓기도 한다.

　이러한 스트레스를 사전에 예방하고, 보다 건강한 삶을 유지하기 위하여서는 매일매일 피로가 누적되지 않게 풀어줄 필요가 있다.

　지압 맛사지법은 현대인의 누적된 피로를 풀어주고, 효과적으로 병을 예방해 보자는 견지에서 발전된 하나의 스포츠 과학이라고 할 수 있다.

　이 책에서는 누구나 손쉽게 행할 수 있는 맛사지를 중심으로 한 지압 요법을 체계있게 설명하여 실생활에 도움이 될 수 있도록 하였다. 상세한 설명과 사진을 곁들였으므로 누구든지 쉽게 지압 맛사지법을 익혀서　건강생활을 영위할 수 있으리라 믿는다.

　건강한 삶 속에서만이 행복한 인생이 꽃필 수 있는 것이다. 이러한　의미에서 이 책은 명실공히 건강하고 행복한 삶을 위한 지침서가 될 수 있으리라 확신하는 바이다.

　아울러 독자 여러분의 앞날에 행복이 충만하기를 빈다.

편 자　씀.

*차   례

차 례*

제5장 / 셀프 맛사지

제6장 / 스포츠 맛사지의 마음가짐과 스포츠 맛사지의 건강관리

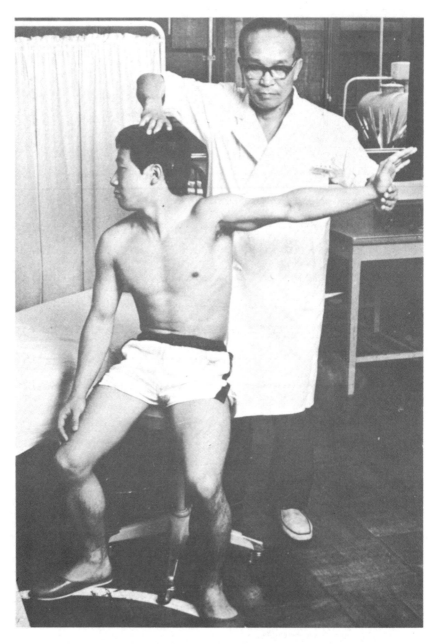

▲맛사지를 실시하기 전, 진찰을 하고 있는 모습

제**1**장
지압 맛사지에 관하여

● 지압 맛사지란

일을 마치고 집에 돌아오면 '아 피곤하다. 오늘은 어깨가 뻐근한데, 어깨를 주물러 주지 않겠어?' 등이라 말하며 가족에게 어깨나 허리를 주물러 달라고 하는 것은 매우 자주 볼 수 있는 장면이다. 또 누구라도 신경통 등으로 갑자기 손, 발이 아파오면, 무심코 그 부분을 손으로 감싸 누르기도 하고, 주무르기도 하고, 문지르기도 한다. 추운 겨울 날 아침, 눈을 뜨고 무심코 찬손을 비비듯이 이와 같은 것은 동서 고금을 막론하고, 인간이 자연스럽게 행하는 행위이며, 맛사지나 지압은 이와 같이 자연스럽게 누구라도 행할 수 있는 행위에서부터 시작된 것이기 때문에, 그것을 과학적으로 이론을 붙인, 어떤 방법이 좋은지, 생활의 지혜나 경험적인 것에 의해 발견한 그것을 과학적으로 계통화한 것이 현재 행해지고 있는 맛사지, 지압법이다.

우리들의 매일의 생활에는 정신적으로 스트레스를 받는 경우가 많다. 특히 스포츠 선수는 경기 중은 물론, 경기를 하지 않는 날도 항상 심신 모두 스트레스에 쌓여 있다. 일류 스포츠맨이 되기 위해서는 심신 함께 조화를 이룬 사람이 아니면 안된다. 맛사지에 의해 심신의 스트레스로부터 벗어나 피로, 어깨 결림, 요통, 정신적 불안 등을 제거하는 것이 가능하며, 스포츠맨 동료 서로가 살갗을 통해 마음을 화합할 수 있으므로 해서 보다 좋은 팀웍의 효과를 기대할 수 있는 것이다.

맛사지, 지압이란 서로 각각 다른 것이 아니라, 그 기본에 있어서는 같으며, 모두 사람의 손으로 직접 상대의 살갗에 대고 문지르고, 주무르고, 두드리고, 당기고, 늘리고, 관절을 움직이는 소위 '도수자격요법(徒手刺激療法)'인 것이다.

그런데, 옛부터 자주 행해지는 '안마법'이라고 하는 것은, 동양 의학의 이론을 논거로써, 고대 중국에서 일어나 국내에 전해져 발달한 독특한 기술로 '안'은 '압(圧)'의 의미이며, '마'는 '문지르다'의 의미로, 동양 의학 요법(한방 의학)의 자극을 주는 2가지 방법의 2대 원칙 '보와 사(輔, 瀉)' (에네르기의 부족은, 이것을 보충하고, 에네르기의 잉여는, 이것을 제거한다.)를 표현한 단어이며, 손가락으로 누르거나, 문지르거나 하여 생체 기능의 변화·조화를 정비하여 건강의 증진을 기하는 경험 요법이다.

여기에 순환 생리에 이론의 근거를 둔 맛사지는, 유럽에서 일어나, 서양 의학의 이론, 특히 수기 요법으로 우리 나라에 전해져, 주로 신경, 근육, 순환계 등의 장해의 치료를 목적으로 한 '의료 맛사지'로써 발달한 것이다.

이 책에서는, 이 맛사지를 광의로 해석하고, 고래(옛)부터의 안마법을 가미하여 설명하기로 하겠다.

지압법은 옛날부터의 안마법인 '안'의 기술에서 발달한 것으로, 인체의 '급소'를 적당히 누르고, 손가락이나 손바닥으로 누르는 것에 의해, 주로 신경 근육의 기능을 원활하게 하는 방법인데, 국내에서 현재 행해지고 있는 지압법은 안마법의 '안'의 수기에, 유도의 활법(活法), 도인(導引) 의 수기(手技)를 받아 들이고, 게다가 옛부터 들어온 아메리카에서의 각종의 정체(整体) 요법 등의 수기를 가미, 총합한 독특한 지압법을 계통화하여 폭 넓게 신경, 근육계의 기능 이상에 응용하여 효과를 올려 많은 사람들에게 친숙하게 이용되어지고 있다.

스포츠 맛사지는 이 3개의 수기의 장점을 각각 취한 기술에 의한 총합 수기 치료법이라고 말할 수 있다.

맛사지(Massage)라고 하는 단어는 프랑스 어(語)이며, 그것은 아라비아 어(語)인 '압'이고, 그리스 어의 '주무르다', 히브리 어의 '어루만지다'라고 하는 의미에서 시작되었다고 하며, 이 3가지 방법은 동서를 막론하고 어원 (語原)은 같은 본질적으로는 차이가 없는 것이다.

요컨대 피부의 위에서 '주무르고, 어루만지고'하는 것에 의해, 피부나 근육의 혈행(血行), 림프류를 촉진하여, 신진대사를 왕성하게 하여 피부나, 근육의 영양을 높이는 것이다. 특히 근육 등을 주무르는 것에 의해, 그 수축력을 높이고 보다 빨리, 보다 강하게 운동을 할 수 있는 소지를 만들며, 피부 자극에 의한 반사 효과에 의해 내장 제 기관의 기능을 정비하는 것이다.

이상과 같이 심신 양면의 스트레스에서 오는 부조화, 또는 변조를 맛사지, 지압법을 실시함으로써 조정할 수 있고, 스포츠 장해 등에 의한 여러가지 병의 예방이나, 건강 유지, 게다가 증진에까지 큰 공헌을 하는 것이다.

● 맛사지의 목적에 의한 분류

■맛사지의 응용

맛사지는 각 가정에서 가족끼리 서로 실시할 수 있고, 또, 직장·스포츠 클럽 등에서도 같은 동료끼리 손 쉽게 할 수 있다.

맛사지를 그 목적에 의해 분류해 보면 다음과 같다.

●보건, 건강 증진을 위한 맛사지

인간은 본디 네 발을 가진 짐승이었다. 그것이 어느 사이엔가 양 발만으로 걷게 되었던 것이다. 그것은 인류의 진화의 역사를 말해 주는 중요한 사항이며, 이 지구에 인간 사회를 구축할 수 있는 기반이 되었다. 그러나 본디 4개의 발로 전신을 지탱하여야 걸을 수 있었던 인간이 직립 정도로 그 기능을 감당해야 했기 때문에 무리가 생기고, 그것이 많은 신체의 약점으로써 지적되기에 이르게 되었다.

그 약점은 무릎, 허리, 또 하나는 목이다. 나이를 먹으면, 아니 어린 사람이라도 경우에 따라서는 오래 걷기도 하고, 나쁜 자세로 장시간 일을 하기도한다 (앞으로 기우뚱한 자세나, 앉은 채 또는 하루 종일 서서하는 일). 나쁜 자세가 아니더라도 괄호 안의 경우에는, 목에서 어깨가 뻐근하고, 허리가 아프고, 무릎이 아프고, 때로는 바들바들 떨린다. 이런 증상이 나타나면 인간의 '몸'의 부조화가 일어난다.

◀가정 맛사지
 보건 · 건강 증진의 맛사
지

맛사지는 이와 같은 증상을 제거하여 매일의 건강 관리를 기하는데 그
목적이 있다.

●미안(美顏), 미용을 위한 맛사지

인간인 한 누구에게나 자신이 언제나 아름답기를 바라는 마음이 있을 것
이다. 마음의 아름다움은 일단 그대로 두고, 신체의 아름다움을 미용이라
고 한다. 그런데 특히 사람으로써의 얼굴의 아름다움을 기대하지 않는 사

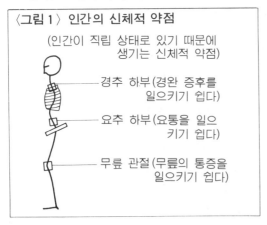

〈그림 1〉 인간의 신체적 약점

(인간이 직립 상태로 있기 때문에
 생기는 신체적 약점)

— 경추 하부(경완 증후를
   일으키기 쉽다)

— 요추 하부(요통을 일으
   키기 쉽다)

— 무릎 관절(무릎의 통증을
   일으키기 쉽다)

람은 없을 것이다. 특히 여성에 있어서는 미안, 미용은 마음의 아름다움과 함께 무엇보다도 중요한 것이다.

맛사지는 그런 의미에서 큰 효과가 기대된다. 전신의 맛사지를 입욕 후 등에 행하면, 혈액의 순환은 좋아지고, 피부의 신진 대사도 왕성하게 되어 싱싱하고 화사한 아름다운 살갗을 만들 수 있고, 피하의 여분인 지방도 제거하여, 균형이 잡힌 근육을 만들어 아름다운 용태를 만들 수 있는 것이다.

얼굴의 맛사지는 안면의 표정근의 방향에 따라 잘 맛사지 하면, 피부의 혈행이 좋아지고, 근육도 적당하게 긴장을 유지하여 살갗에 윤기도 생기고 표정도 풍부해져 아름다워진다. 참다운 아름다움은 화장으로 만드는 것이 아니라, 건강한 살갗에서부터 시작된다는 것을 잊지 않도록 한다.

화장을 하는 경우에도 그전의 정성스러운 맛사지에 의해 그 효과를 증가시킬 수 있어서 보다 아름답게 된다.

또 미안이나 미용에서 중요한 것은 변비가 생기지 않도록 하는 것과, 수면 부족이 되지 않도록 주의하는 것이다. 여성에게는 변비증이 많이 나타나는데, 그 때문에 피부가 거칠어지기 쉽고, 윤택함이 없는 까칠까칠한 피부가 되고, 기미가 끼어 화장도 힘들어진다. 이런 사람은 복부나 요부

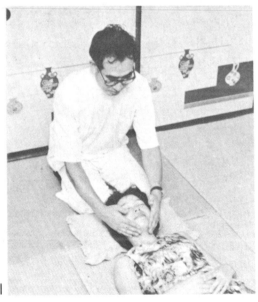

▶미안·미용을 위한 맛사지

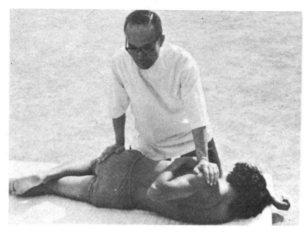

◀스포츠 맛사지
 급성 요통의 도
수조정법 (徒手調整
法)

의 맛사지를 자주 실시하여 변통을 정돈하는 것이 중요하다. 그리고 언제
나 등줄기를 펴고, 좋은 자세로 있는 것이 또 미용의 요령이기도 하다.
 '건강한 육체에 건전한 정신이 깃든다'라는 말에서 알 수 있듯이, 미용
에 신경을 쓴다고 하는 것은,다시 말하면,건강한 신체를 만드는 것과 연관
되며 따라서, 또 충실한 기분으로 매일 매일을 보낼 수 있는 것이다.

●스포츠를 위한 맛사지

 이 책의 주 목적 맛사지는, 맛사지에 의해 스포츠 장해 또는 예방과,
경기의 기록 향상을 겨냥하는데, 또 급성 근육 피로의 회복이나 스포츠 장
해의 치료도 중요한 목적이다.

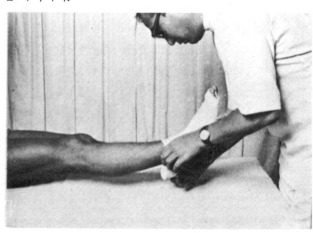

▶의료 맛사지
 발목의 염좌시
포대고정 (包帶固
定)

● **일의 능률을 높이기 위한 맛사지**

상업 맛사지, 또는 노동 맛사지 등으로 일컬어지는 것으로, 각각 일로 인해 어느 관절이나 근육을 많이 사용하여 피로해 지기 쉬운가, 또 어떤 특정의 외상을 많이 입는가, 정신적인 피로는 무엇인가 등을 잘 이해한 후에 적절한 맛사지를 행하여 작업에 의해 일어나는 심신의 피로를 풀고, 일의 능률을 올리고, 또 노동 재해를 막는 의미로 행해지고 있다.

● **의료 (医療) 맛사지**

이것은 전문 맛사지사나 의학 요법사가 행하는 것으로, 근육계의 장해나 내과 질환 등 많은 병에 대해 전문적인 입장에서 행해지는 것이다.

따라서, 골절, 탈구, 뇌졸중후유증 등의 맛사지와 같이 의사의 지시로 행하는 경우도 적지 않다. 근년 리하빌리테이션(rehabilitation=신체 장애자 등의 사회 복지를 위한 직업 지도나 심리 의학적인 훈련) 의료가 급속히 진전해 가고 있는 가운데 점점 의료에 응용하는 맛사지의 중요성이 인식되어지고 있다.

● **스포츠를 위한 맛사지**

스포츠 맛사지는 적극적인 면으로는 스포츠 맨의 운동 기능의 항진, 컨디션의 조정에 의해 경기 기록의 향상을 기하며, 소극적인 면으로는 스포츠 장해를 방지하고 때로는 치료하는 것을 목적으로 행하는 맛사지이다.

맛사지의 효과는, 직접적으로는 피부의 위에서 주무르고, 문지르고, 압박함으로써 적절한 촉압 자극을 주는 것에 의해, 직접적으로 피부나 근육의 혈행을 좋게 하여 신진 대사를 왕성하게 하여 노폐물을 재빨리 제거하고 필요한 산소나 영양물을 공급하는 것이다.

또 간접적으로는 반사적으로 신경계의 기능을 조정하고, 이상한 흥분은 진정시키고, 또 저하되어 있는 기능을 높이는 것이 가능하다. 따라서 스포츠에 의한 급성 피로의 예방과 제거, 경기에 의한 근육이나 관절의 과도 긴장이나 경련, 결림, 아픔 등을 개선할 수 있는 것이다.

신체의 어딘가가 잘 조화되어 있지 않는 느낌이나 아픔이 있으면, 누구라도 그 부분을 문지르거나, 주무르거나 하는 것은 퍽 자연스러운 행위이며, 스포츠 맨에 있어서도 동서를 막론하여 행하여져 온 것이다. 따라서 스포츠 맛사지는 스포츠 맨이 아닌 전문의 치료사에게 항상 의존하는 것이

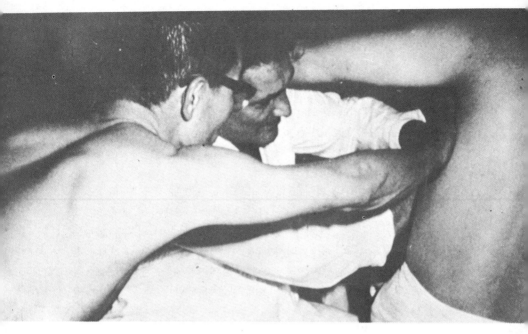

▲스포츠 맛사지를 연구하고 있는 스포츠 맛사지 전문가

아니고 스포츠 맨 자기 자신이 '셀프 맛사지'하거나 또는 손쉽게, 즐거운 마음으로 동료들끼리 맛사지를 해도 좋다. 프로 야구나 올림픽 등의 국제 경기에서는 전속 트레이너가 있어서 선수의 건강 관리나 맛사지를 행하는데, 그렇지 않은 스포츠 맛사지는 좀 손쉽게, 즐거운 마음으로 스포츠 맨이면 누구라도 가능한 맛사지가 바람직하다고 나는 생각하고 있다.

대학의 체육 학부의 크라스 등에서 기술의 연마를 하는 것을 볼 수 있는데, 경기 전이나 후 등에 동료 선수 서로 맛사지를 해 주는 것을 발견할 수 있다. 그럴 때 언제나 느끼는 것은 '경기마다의 주동작근이나 관절의 가동역을 이해하여 맛사지의 기본을 알고 있으면 더욱 효과적이겠구나' 하는 것이다. 그런 의미에 있어서, 이제부터 누구라도 알 수 있도록 그 기본적인 실시 방법과 그 효과와 응용에 대하여 해설하기로 하겠다.

'스포츠 맛사지를 말하는 것은, 그 자체가 그대로 스포츠의 역사를 말하는 것'이라고 말해지고 있듯이, 스포츠와 맛사지는 스포츠와 밀접, 불가분의 연관을 맺으면서 발달해 왔다.

그러나, 소위 스포츠 맛사지가 체계화되어진 것은 '스포츠 맛사지'의

문헌이 소개되어진 20세기 부터이다.

1906년과 1907년에 프랑스의 코스트(R. Coste)와 루휘어(F. Rufier)가 각각 빠리에서, 스포츠 맛사지에 관한 저서를 출판했다.

우리나라에 스포츠 맛사지가 정식으로 받아 들여진 것은 그리 오래되지 않는다.

시대의 부응과 스포츠계의 요청에 따라 스포츠 장해의 예방과 치료를 위해, 현재 국, 공, 사립 대학 체육부나 많은 체육 관계의 전문 분야에서 '스포츠 맛사지'의 이론이나 실기 지도가 행해지게 된 것이다.

맛사지가 지금 과학적으로도 연구가 진행되고, 그 효과가 기대되어지고 있는 가운데, 스포츠 맛사지도 수요가 높아지고, 종래의 맛사지를 받는 쪽에서 말하면, 수동적인 수기(手技)인 주무르기, 문지르기 등의 소극적인 수기에 더하여, 적극적으로 자기 스스로의 몸을 움직여 가는 운동 수기(치료 체조)나 마니플레이션(Manipulation) 등 동적 수기가 도입되어, 지금까지 보다도 한층 그 효과를 기대할 수 있게 되었다.

● 스포츠 맛사지의 종류

스포츠 맛사지라고 해서 특수한 것이 아니라, 의료 맛사지와 같이 경찰법(쓰다듬고 어루만지는), 유날법(주무르는 방법), 압박법(흔드는 법), 등의 수기(手技)를 이용하여 스포츠맨의 컨디션을 조정하고 체력 증진과 관리에 유익하게 쓰이도록 하는 것이다.

종래의 스포츠 맛사지로 유럽에서 성행하는 그 수기(手技)는,

①—스웨덴식 스포츠 맛사지

②—핀란드식 스포츠 맛사지

③—독일식 스포츠 맛사지

의 3종류로 크게 분류할 수 있다.

그러나 어느 것이나 모두의 맛사지는 그 수기가 대동소이하며 특별한, 독특한 수기가 아니다. 조금 무리하게 특징을 말하자면 스웨덴식 스포츠 맛사지는 '치는 것'을 주로 하는 수기이고, 독일식은 '비비는 것'과 '흔드는 것'이 주체로 되어 있으며, 핀란드식에서는 소위 '쿠네텐'(경단 주무르기)이라고 하는 특징이 있는 주무르기 방법을 중심으로 하는 방법이 채용되어지고 있다.

유럽 각국 특히 독일, 프랑스, 스웨덴, 핀란드, 영국, 아메리카 등의

▲일류 선수는 컨디션의 조정에 세심한 주의를 기울이고 있다.
사진은 1974년에 서독에서 행해진 축구의 세계 선수권에서 활약하던
서독의 '득점 왕' 게르트·뮤러 선수의 헤딩 숏

맛사지의 임상과, 스포츠 맛사지의 실제 및 그 실기 상태를 살펴보면, 독일식, 스웨덴식의 스포츠 맛사지에는 거의 대부분의 수기(手技)는 큰 차이가 없이 오히려 오일을 이용한 결합 조직 맛사지가 대부분이다.

우리 나라의 스포츠 맛사지도, 각 경기별로 응용할 때 특별한 특징은 없지만, 구태여 특징을 말하자면, 독일식의 경향이 강한 '두드리기'보다도, '비벼 주무르기, 흔들기' 방법이 중요한 수기(手技)라고 말할 수 있을 것이다. 거기에 첨가하여 전에 서술했듯이 국내 특유의 맛사지 관절 운동법이 받아 들여져 동적인 수기가 많이, 수기(手技) 중에 총합되어진 것이다.

●일반 방식의 맛사지와 셀프 맛사지

스포츠 맛사지는 앞에서 서술했듯이 스포츠맨이면 누구라도, 어디에서라도 손쉽게 할 수 있는 것이 아니면 안된다. 경기 전이나 경기 중, 경기후, 또는 연습시의 맛사지는 신체의 컨디션을 정비하고, 팀웍을 증진하는효과도 기대할 수 있는 것이다.

또 경기 중, 또는 경기 전의 잠깐 동안의 시간, 예를 들면, 봉 넘기의 순서를 기다리고 있는 때에 비복근(腓腹筋)에서 아킬레스 건, 대퇴사두근(大腿四頭筋) 등의 주동작근을 극히 단시간, 가볍게 쓸어내려 주무르거나, 흔들거나 하여 급격히 일어나는 근 피로나 경련을 막기 위한 맛사지는, 자기 자신이 행하여야 할 것이고, 이것이 '셀프 맛사지'인 것이다.

●스포츠 맛사지를 실시하는 시기

❶ —— 경기 전의 맛사지

연습의 경우도 마찬가지인데, 경기 전 맛사지는 워밍업 기능으로써의의미가 있고, 주로 그 경기에서 사용하는 주동작근이나, 주동작 관절을중심으로, 짧은 시간, 가볍게 실시하는 수기는 경찰법(비벼 문지르기), 주무르기, 흔들기법 등이 중심으로, 너무 두드리거나 강하게 주무르거나 해서는 안되며, 또 중·장 거리나, 마라톤 선수와 같이 전신적인 내구력을필요로 하는 경우는, 복부 맛사지를 실시하여 소화 기관을 비롯하여, 내장기관의 상태를 정비해 둘 필요가 있다.

경기 전의 전신 맛사지는 가능한 한 피하는 편이 좋다. 만일 행하더라도, 극히 짧은 시간에 전신에 경찰법을 실시하는 정도로 하여, 전신의 혈행을 좋게 하여 몸을 따뜻하게 하고, 정신적인 불안에서 해방하고, 안정을

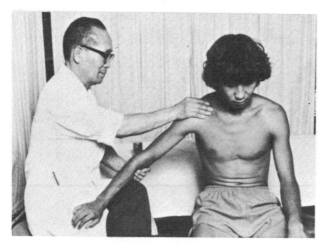

◀일반식 맛사지
(상호 맛사지)
어깨 관절의
스포츠 맛사지

기하는 것이 중요한 것이다. 또 염좌나 요통, 어깨의 아픔 등 장해가 있는 경우는, 특히 그 장해 부위를 중심으로 준비 맛사지를 실시할 필요가 있다. 야구의 투수나 체조 경기의 철봉에서는 어깨를 아파하는 경우가 많다. 그 부위가 아프거나, 어깨 관절의 주위의 근육이 단단히 굳어지거나 하는 때는, 경기 전에 수 분간, 요령있게 윗팔에서 어깨 관절, 견갑부(肩甲部)에 가볍게 맛사지와 운동법을 실시하면 좋다.

육상 경기의 선수에게는 근육 또는 근섬유가 수축되어 끊어지는 일이 일어, 아직 완전히 준비되지 않은 경우는 스타트나 점프 때에, 그 부위가 경련을 일으키 듯이 심하게 아픈 일이 많다. 이런 때는 꼭 사전에 장해 부

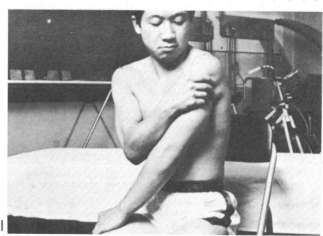

▶셀프 맛사지
어깨 관절의
스포츠 맛사지

위를 주로 하는 맛사지를 행하여야 하며, 그것은 직접 그 경기의 성적에도 영향을 미치고, 장해의 재발이나 증악을 예방하는 것도 되는 것이다.

❷ —— 경기 중 맛사지

경기 중에 맛사지를 실시할 때는 매우 희박하지만, 경기 중(테니스, 검도, 장거리 경주, 축구, 배구, 장대 높이 뛰기, 멀리 뛰기, 높이 뛰기 등)에 쥐가 (하퇴(下腿)의 비복근(腓腹筋) 경련) 일어난 경우 등은 발목을 잡고 경련을 일으키고 있는 비복근(腓腹筋)을 펴거나, 장딴지를 손으로 강하게 쥐고 압박하거나 하여 경련을 진정시킬 수 있다.

경기 중의 맛사지는, 주로 경기와 경기 사이의 잠깐 동안의 휴식 시간이나 출발을 기다리고 있을 때에 실시하는 것으로, 실시 방법은 주로 셀프 맛사지이다. 그러나 휴식 시간이 5분 정도 있으면 서로 맛사지를 실시하도록 하여 서로의 기분을 릴렉스시키는것에도 신경을 쓴다. 방법은 그 경기의 가장 중요한 주동작근으로, 특히 급성 근육 피로가 큰 곳, 경련을 일으키기 쉬운 곳 또는 염좌 등의 장해가 있을 때는, 그 장해 부분을 대상으로 단시간 요령있게 실시한다.

❸ —— 경기 후 맛사지

경기 후(연습 후)는 우선 워밍 다운을 실시한 후, 그 경기에서 특히 사

▶경기 전 처치

◀경기 중 맛사지

용하여 아프고, 피로가 심한 근육이나 관절에 대하여 정성스럽게 맛사지를 실시할 것과 입욕을 마친 다음, 심신이 모두 피로할 때에 전신 맛사지를 실시하면, 기분적으로도 상쾌하게 되고, 전신적인 피로도 덜어지며, 수면도 충분히 취할 수 있어서 다음 날에 피로를 남기는 일 없이 스포츠맨의 건강 관리에 큰 프라스가 된다.

만일 경기 중 장해를 일으켰거나 했던, 특히 그 장해 부위에 대해서는, 필요하다면 포대나 반창고로 관절을 고정시키거나, 냉습포(冷濕布)를 행하거나, 부어 오름이나 아픈 부분에 대하여 맛사지를 충분히 행하도록 한다.

▶경기 후 맛사지

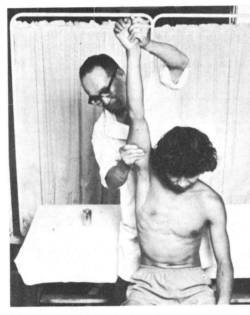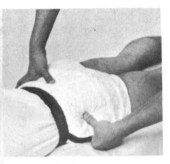

▲경기 후 맛사지
하지의 좌골 신경의 통
증에 대한 모지압박법

◀경기 전 맛사지
어깨에서 상지(上肢)전
체의 신전법

❹——중간 날 (中間日) 맛사지

경기의 시즌 오프에 실시하는 맛사지로, 그 중요한 목적은 경기 중의 심
신의 피로를 제거하고, 경기 중의 장해 부위의 치료를 목적으로 행하여 하
고, 다시 올 경기에 대비하여, 스포츠맨의 컨디션을 정돈하고, 체력의 유
지와 건강 관리에 중요한 역활을 한다. 연습 부족, 운동 부족에 의한 전
신의 지나친 뚱뚱해짐, 근육(복근, 배근)의 저하, 관절의 유연성 결여 등
에 주의가 필요하다.

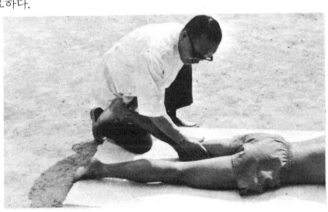

▶경기 중
맛사지
대퇴 후측
근육의 통증에
대한 맛사지

맛사지는 전신 맛사지를 실시하고, 사우나나 일반의 입욕과를 병행하여 맛사지를 하면 효과적이다. 또 맛사지를 실시한 후, 특히 그 사람이 전문으로 하는 경기에 관련있는 주동작 근이나 요부의 운동법을 병행하여 실시해도 좋다.

● 스포츠 맛사지의 효과

●스포츠 맛사지의 일반적인 효과

❶──혈액 순환을 좋게 한다

맛사지는 피부나 근육의 혈행을 좋아지게 하는 것과 동시에 심장의 부담을 가볍게 하고, 전신의 혈액 순환을 개선 조정한다.

피부나 근육의 혈행이 좋아지면, 각 조직의 신진 대사가 성하게 되고,

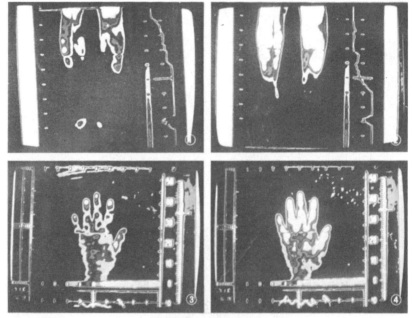

맛사지 직후 적외선 사모그라피에 의한 효과의 분석

① 발 부분의 맛사지 전 복와위(伏臥位)로 장딴지 부분의 맛사지를 3분 실시.

② 발 부분의 맛사지 후 3분. 전체에 혈행이 좋아지고, 발이 따뜻해지는 것을 나타낸다.

③ 손가락의 맛사지 전. 손가락에서 앞팔에 걸쳐 맛사지를 3분 실시.
④ 손가락 맛사지 후 3분. 전체에 혈행이 좋아지고 있는 것을 알 수 있다.

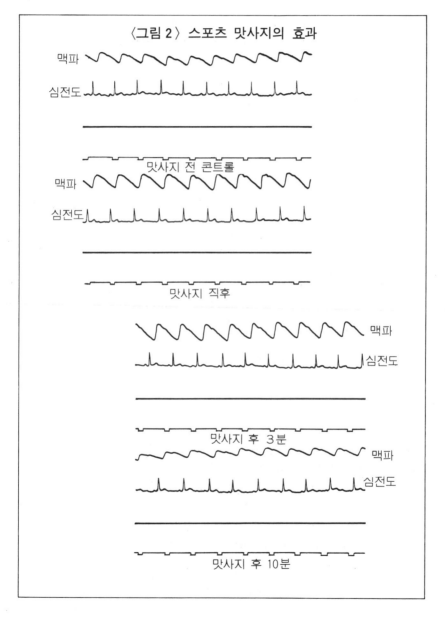

〈그림 2〉 스포츠 맛사지의 효과

피로시 등의 노폐물을 제거하여 근 동작에 필요한 산소나 영양소를 공급하고, 근의 피로를 회복시키는 것이 가능해진다.

맛사지하는 것에 의하여 혈행이 좋아짐을 알 수 있다.

그림 2는 맛사지 연구의 실험 실적인데, 앞팔을 5분 간,맛사지의 대표적인 수기인 '주무르기'를 실시한 때의 술전과 술후의 심전도(제1 유도)와 말초 순환(피부 혈행)을 광전관 맥파계로 기록한 것의 비교이다.

정상시(술전)와 비교하여 맛사지 직후에 있어서는 피부의 혈행이 현저하게 좋아지는데, 반면, 혈관의 탄력성도 좋아지고, 말초 혈관의 저항이 느슨하여 심장의 부담을 경감시키고, 그 기능을 개선하는 효과가 있는 것이다.

또, 맛사지를 실시하여 혈행이 좋아져 그 부위의 피부온이 올라가는가 어떤가의 실험에서 최근 발표되어진 적외선 사모그라피 장치로 촬영한 영상에서도 술전과 술후을 비교해 보면, 피부온의 상승, 말초 신경 순환 동태의 개선이 현저하게 인정된다.

사진 ③④는 손가락에서 앞팔 전체를 3분간 맛사지(경찰법이나, 주무르기법)를 실시한 때의 술전과 술후의 비교이다. 술전에 비하여, 술후, 현저하게 사진 전체가 밝은 색으로 변하는데, 이것은 그 부분의 피부나 근육의 혈행이 좋아져, 피부온이 높아지는 것을 나타내고 있는 것이다. 또 그 효과는 15분이 경과해도 계속되고 있음을 알 수 있고,맛사지 효과를 상당 시간에 걸쳐 지속할 수 있음을 실증해 주고 있다.

❷—— 신경, 근육에 미치는 일반적 효과

맛사지는 각 수기의 응용에 의해 신경이나 근육의 흥분성을 올려 기능을 증진하고(흥분 작용), 또는 진정적으로 운동하여 이상하게 고조되어 있는 기능(병적 긴장이나 통증)을 제거하는 작용이 있다(진정작용).

흥분 작용 이 작용은 이상하게 기능이 감퇴하고 있는 신경이나 근육에 대하여, 맛사지를 실시하여 그 흥분성을 높여,기능의 회복을 기하는 작용을 말한다. 이 목적으로 행하는 맛사지는 비교적 약하게 자극을 주는 것이 좋고 , 수기로써는 경찰법, 주무르는 법이 적합하다. 경기를 앞에 두고 근육의 긴장이 불충분할 때 또는 스포츠 장해를, 근육의 감각이나 지각이 둔할 경우에 맛사지의 효과가 기대된다.

진정 작용 진정 작용이란 이상하게 신경이나 근육의 기능이 흥분 되어 있을 때 맛사지를 행하여 그 기능을 진정시키는 작용을 말한다. 이 경우,

비교적 강한 경찰법, 주무르는 법, 연속적 압박법 등을 실시하는 것이 좋은데, 주의해야 할 것은 통증을 동반하고 있는 경우는, 그 국부의 자극에 대한 감수성이 높기 때문에 자극을 주는 방법을 충분히 유의해야 한다.

이 작용은 경기 중이나, 주동작근의 급성 근육 피로에 의한 경련이나 통증, 근육의 이상한 긴장, 신경통 등의 때에 진정 작용으로써 기대할 수 있다.

반사 작용 반사 작용이란, 장해 부분이나 피로한 부분에서 멀리 떨어진 곳에 맛사지를 실시하여, 반사적으로 신경, 근육, 내장 등에 간접적으로 자극을 가하여 기능의 조정을 기하는 작용이다.

예를 들면, 장거리 선수나 마라톤 등 장시간의 경기는 전신적인 내구성을 상당히 요구하고, 복부 증상으로서의 위장 장해를 자주 일으킨다. 그때, 내장 체벽 반사에 의해 등가운데나 허리에 근육의 경결(硬結 = 응어리)이나 압통(눌러서 아픈 통증) 지각 과민 등을 나타내는 것이다. 그러한 때, 역으로 등, 허리 부분의 근육에 지압법을 실시하는 것에 의해, 반사 기전을 기하여 내장 제 기관에 좋은 자극이 전달되어, 기능을 정비할 수 있는 것이다.

유도 작용 염좌, 타박 등의 스포츠 외상이 일어나 그 부위가 부어오르고, 빨갛게 되고, 통증 등의 염증 증상을 일으키고 있을 때는, 처음에는 그 환부에 직접 닿지 말고 그것에서 중추부(심장의 가까운 쪽)를 맛사지하는 것에 의해, 그들의 증상을 가볍게 할 수 있는 맛사지의 작용이다. 이 경우는 주로 경찰법이 좋다.

교정 작용 염좌, 탈구, 골절의 후에, 발열, 종창(腫脹 = 염증이나 종양으로 몸의 일부가 부어 오르는 일)등 급성 증상이 지나간 후, 관절이나 그 주변에 직접 맛사지를 실시하여 관절포, 인대(靭帯), 건(腱) 등의 포축(굳어짐)을 풀고, 병적 삼출물(滲出物)을 제거하는 작용을 한다.

❸ ── 맛사지의 전신 조정 작용

맛사지는 몸의 표면에서 리드미컬한 촉압 자극을 가하는 일종의 피부 자극법이다.

경찰법 등의 피부 표면의 자극은 맛사지를 받는 사람에게 상쾌한 감각을 주고, 또 주무르기법, 압박법 등은 근육이나, 피하 조직에 자극을 주어, 그 부의 혈행을 좋게하여 기능을 조정하는 것 뿐아니라, 전신적으로 자율 신경이나 내분비선에도 좋은 영향을 미쳐, 그 언밸런스를 조정하여 심신의 조화를 기하는 효과가 있다.

따라서, 경기 전에 행하는 맛사지는 주동작근이나 주관절의 혈행을 좋게할 뿐 아니라, 기분을 진정시켜 경기에 임할 수 있기 때문에, 마음의 준비도 겸하게 되는 것이다.

❹ —— 내장에 미치는 작용

복부의 맛사지는 직접 복부의 혈행을 좋게 하여, 위장 그 외의 모든 복강 장기의 기능을 정비하며, 소화, 호흡을 촉진시키고, 변통을 정비한다. 또 등부나 요부의 맛사지는 그 부위 근육의 피로에서 오는(응어리) 결림이나, 통증을 제거할 뿐만 아니라, 반사적으로 호흡기나, 순환기의 기능을 정비하고 또 위장의 기능도 좋아지도록 하는 효과가 있다.

신경질적인 사람은 자주 경기 중, 경기 후의 과도한 피로에 의하여, 위경련의 발작성적 통증을 일으키는 일이 있다. 이러한 때, 그 사람을 배를 깔고 엎드리도록 하여 등 가운데를 엄지 손가락으로 강하게 연속적으로 압박을 가하면 괜찮아진다.

●스포츠맨의 컨디션을 정비한다.

어떠한 스포츠도 일정의 룰을 기본으로 하여 심신의 힘을 최대로 발휘하여 그 빠름, 강함, 내구력,교치성(巧緻性) 등을 겨루는 운동이기 때문에, 그를 위해서는 최고도의 능력을 발휘하여 승리하기 위한 연습도 반복해야 한다.

이와 같은 때에 맛사지를 실시하는 것에 의해, 적극적인 면으로는, 신경이나 근육의 움직임을 성하게 하여, 운동 기능 능력을 극도로 높여 기록의 향상에 이바지하며, 소극적인 면으로는,연습이나 경기의 과도한 피로를 제거하여 스포츠 장해를 막을 수 있다.

기를 겨루는 이상 우선 승리하지 않으면 안된다. 그러기 위해서는 경기자의 최고도의 능력을 발휘할 수 있는 연습이 필요하다. 그 목표는 중추의 '억제, 차단과 동작의 반사화'이다. 즉 중추 신경계와 손, 발의 말초와의 사이에 신경 조직은 몇개인가의 시나프스(신경 단위의 교환, 중계부)를 통하여 비로소 중추에서 말초로 흥분이 전해진다.

이 시나프스는,신경의 흥분이 전해지는 때는 반드시 어느 정도 그 흥분을 억제하도록 되어 있는 것이다. 이 억제의 움직임을 끊고, 동작이 보다 반사적으로 활발하게 행해질 수 있도록 하기 위해서는, 같은 종류의 운동을 반복하여 행하여 시나프스의 흥분 그대로를 좋게 하여, 중추 신경에서의 억제 기능을 끊어 가는 것이 중요하다. 연습이 반복되어, 동작이 반사적으로 활발하게 되어도 경기에서 좋은 성적을 올리기 위해서는 강한 체력이 필요로 되는 것은 말할 나위도 없다. 특히, 육상 경기의 트랙 경기나 축구 등은 체력의 증진이 연습의 중심 과제이다. 체력을 능률적으로 키우기 위해서는 운동 능력을 스피드, 근력, 순발력, 지구력, 유연성, 기용성, 정신력의 몇가지 요소로 나누어, 각각의 종목에는 어떤 요소가 특히 중요한가를 알 필요가 있다. 이 중에서 맛사지로 육성시킬 수 있는 요소는 특히 근력, 유연성, 순발력, 지구력이다.

그러나 무어라해도 맛사지에 의해 직접적으로 상기의 요소를 양성할 수 있는 것은 어려운 일이어서, 트레이닝, 반복 연습에 의해 그들의 요소가 키워질 수 있는 소지를 만들어 두는 것이 좋다. 예를 들면, 근육의 힘은 맛사지만에 의해 강하게 되는 것이 아니다. 맛사지에 의해 혈행을 원활히 하고, 체온을 올리고, 근력 증강을 위한 소지를 만들어 두고, 그 다음 점진적인 훈련으로, 비로소 근력은 강해지게 되는 것이다.

따라서 스포츠 맛사지는 앞에서 서술했던 운동 기능의 제 요소를 끌어내기 위한, 감각과 운동력과의 종합적인 피드백 조정을 하는 것에 의해, 스포츠맨의 컨디션을 최량의 위치로 끌어 올려 경기에 임하기 위한 마음과 신체의 제 준비를 만전하도록 하는 것에 그 의의가 크다고 말할 수 있다.

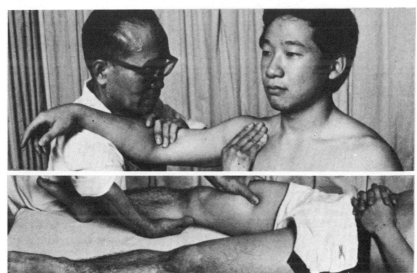

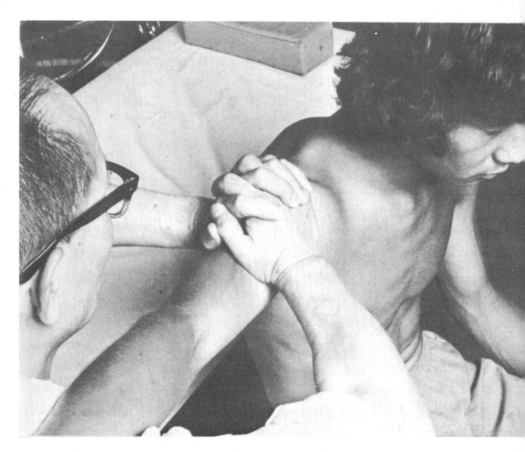

▲삼각근에 의한 쌍수유날법(揉捏法)

제**2**장
지압 맛사지의 기본

● 기본수기 (基本手技)

맛사지는 실시하는 사람의 손가락으로 상대의 체표에 구심성의 수기를 행하는 것으로, 대상이 되는 부분이 넓은가, 좁은가, 딱딱한가, 부드러운가, 두꺼운 근육인가, 가는 근육인가 등에 의해 가하는 압도의 정도, 강하기, 행하는 시간 등을 가감하지 않으면 안된다. 여기에서부터 맛사지의 수기의 기본을 6가지 종류로 나누어 설명한다.

기본 수기로써는, 경찰법(輕擦法;쓰다듬는 방법), 유날법(揉揑法;집어 주무르는 방법), 강찰법(强擦法;주무르는 방법), 압박법(圧迫法;누르는 방법), 두드리는 방법, 흔드는 방법의 6가지 종류가 있다. 실제로는 이들의 수기(手技)를 적당하게 조합하여, 총합 수기로써 실시하는 것이다.

● 경찰법 (안무법 : 按無法)

경찰법은 소위 대상 부위를 쓰다듬고 어루만지는 방법으로, 전신의 어느 부위라도 가장 손쉽게 실시할 수 있는 수기이다.

실시하는 사람의 손을 상대의 몸의 피부에 딱 대고, 대개 5 ~ 6 kg의 압을 가하면서, 혈관이나 림프관의 흐름에 따라 말초(손, 발의 끝)에서

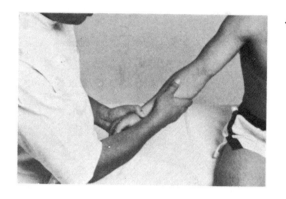

◀수장경찰법 (手掌輕擦法)

중추(심장에 가까운 쪽)의 방향으로 비비고, 어루만지는 것이다.

경찰법(輕擦法)에도 실시하는 사람이 손의 어디를 사용하여 행하는가에 의해 다음의 5가지 방법이 있다.

❶ —— 수장경찰법(手掌輕擦法)

한손, 또는 양손의 손바닥 전체를 상대의 피부에 딱 붙이고 '비비고, 어루만지는'방법으로, 복부, 배요부, 상완부, 전완부, 대퇴부, 하퇴부 등에 비교적 넓은 부분의 경찰에 사용한다.

❷ —— 모지경찰법(母指輕擦法)

실시하는 사람의 엄지 손가락 끝이, 배에서 '비비고, 어루만지는' 방법으로 손가락, 발가락, 손등이나 발등의 골간을(骨間) 비비고, 어루만지는 데 사용한다.

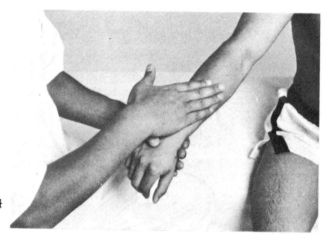

▶모지경찰법 (母指輕擦法)

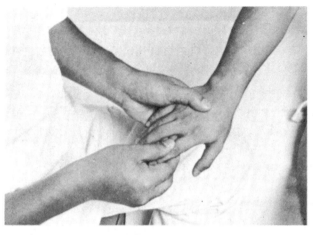

◀ 2 지경찰법 (二
指軽擦法)

❸ ── 2 지경찰법 (二指軽擦法)

실시하는 사람의 엄지와 인지와의 사이에 맛사지하는 부분을 끼워 '비
비고, 어루만지는' 방법으로, 손가락이나 발가락 등에 사용한다. 또 이 방
법의 변형으로써, 엄지와 인지를 펴고 맛사지 하는 부분을 쥐듯이 하면서,
환상으로(環狀) 비비고, 어루만지는 방법이 있다. 이것을 환상(環狀) 경
찰법이라고 하며, 손목이나 발목 등의 관절 부분에 사용한다.

❹ ── 4 지경찰법 (四指軽擦法)

행하는 사람의 엄지를 뺀 4 개의 손가락의 안쪽을 사용하여 '비비고, 어
루만지는' 방법으로, 목 부분, 안면, 가슴 부분, 전완부, 하퇴부 등에 사
용한다.

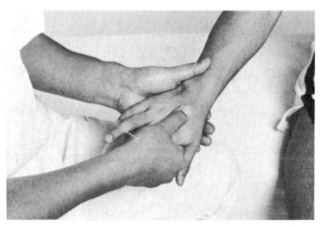

▶ 4 지경찰법 (四
指軽擦法)

❺ ── 지과 경찰법(指骻輕擦法)

행하는 사람의 손을 잡고, 인지에서 새끼 손가락의 손가락 등쪽의 기절 (基節)이나 중절(中節)로 '비비고 어루만지는' 방법으로, 배부, 대퇴, 하퇴, 수장(手掌)이나 족저(足底)에 사용한다. 경찰법의 중요한 작용은 체표 피 부를 말초부에서 중추부로, 정맥이나 림프의 흐름에 따라 비비고, 어루만 지는 것에 의해, 정맥이나 림프의 액의 흐름을 좋게 하여, 피부나 근육의 혈행을 좋게 하는 것과 함께, 심장의 기능을 개조(介助)하고, 전신의 순환 기능을 촉진하는 것이다. 또, '비비고, 어루만진다' 라고 하는 것은 피부 에 대하여 기분 좋은 자극이 되어 상쾌한 기분이 되며 정신도 안정되는 것 이다.

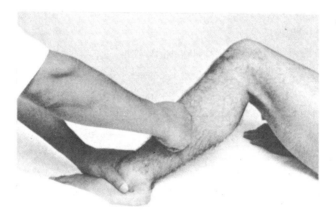

◀지과경찰법

● **강찰법 (안날법)**

강찰법(強擦法)은 안날법(按捏法)이라고도 한다. 염좌 등의 외상으로 관 절에 병적인 삼출물(滲出物)이 고여, 관절포나 인대(靭帶) 등이 단단해져 있 을 때, 엄지나 중지의 끝으로 강하게 누르고, 주무르고 하여 그들 삼출 물을 가늘게 부수어 혈액 중으로 흡수시키고, 또 인대(靭帶), 건(腱), 관절 포 등의 관절 주위의 부드러운 조직의 단단함을 풀고, 조직의 유착을 벗 기어, 관절의 움직임을 원활히 하는 때에 활용하는 수기(手技)이다.

❶ ── 소용돌이상(狀) 강찰법(強擦法)

엄지와 중지의 손가락 끝을 맞사지하는 부분의 피부에, 똑바로 세워 힘 을 가하고, 동그라미를 그리듯이 처음에는 가볍게 그리고 점차로 강하게

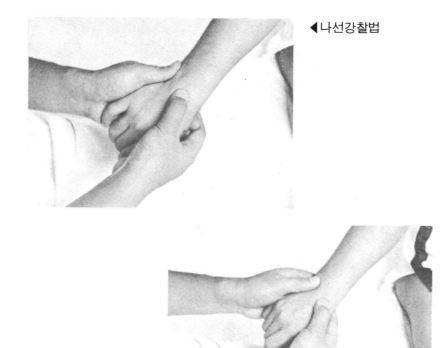

◀나선강찰법

▶소용돌이상 강찰법

힘을 넣고, 주위에서 중심부로 소용돌이 치듯이 실시하는 방법으로, 관절이나 골간(骨間)에 사용한다.

❷ ── 나선강찰법

엄지나 중지를 동그라미 상태로 움직이면서, 힘을 가해 누르고, 주무르는 수기로 나선상으로 실시한다. 관절, 손가락, 발가락의 등면 등에 사용한다.

● 유날법 (유연법)

유날법(揉捏法)이란, 주로 근육을 실시하는 사람의 손으로 집어 주무르는 방법이다. 실시하는 사람의 손을 상대의 피부에 딱 대고, 대개 5 kg의 힘으로 대상이 되는 근육을 쥐듯이, 또 손가락 안을 대고 힘을 가하

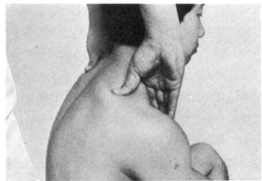

◀모지유날법

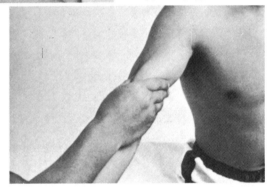

▶수장유날법

면서 동그라미 상태로 또는 타원상(楕圓狀)으로 움직이면서, 근육 중의 혈액을 짜내는 듯한 요령으로 주물러 간다. 그 때 실시하는 사람은 손에 너무 힘을 지나치게 많이 넣거나, 상대의 피부를 비벼서는 안된다. 어깨의 힘을 빼고, 손목을 부드럽게 하여 크게 움직이는 것이 요령이다. 주무르는

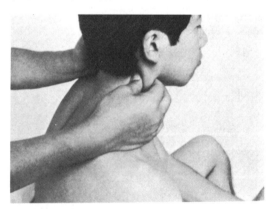

▶ 2 지유날법

◀ 4 지유날법

방법은 보통, 근섬유에 평행하게 실시하는데, 엄지 유날등 손가락 안쪽을
대고 주무르는 경우는 근섬유의 직각으로 실시하는 경우도 있다.

유날법에도 실시하는 사람의 손이 어디를 사용하는가에 의해 다음의 5
가지 종류로 나눌 수 있다.

❶── 수장 유날법 (手掌揉捏法)

실시하는 사람의 손바닥 전체를 대상 부분에 대고, 적당히 힘을 가하면
서 근육을 짜듯이, 반죽하듯이 주물러 가는 방법으로, 말초에서 중추부로
전진해 간다. 어깨, 상완부, 전완부, 대퇴부, 하퇴부, 흉복부 등의 큰 근
육에 대하여 실시한다.

❷── 모지유날법 (母指揉捏法)

실시하는 사람의 엄지의 안쪽을 상대의 피부에 세우고, 적당하게 힘을
가하면서 원의 상태로 또는 선상으로 주물러 가는 방법이다.

머리나 안면, 어깨, 등, 허리 부분을 비롯하여, 손등, 발등, 전완이나

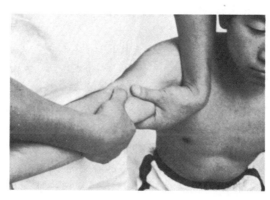

▶ 거상유날법

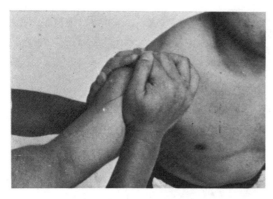

◀추상유날법

하퇴부의 근육에 사용한다. 또 양모지유날(両母指揉揑)이라고 하여, 실시하는 사람의 양쪽 엄지로 근육을 끼우듯이 대고, 서로 반대 방향으로 '반죽하듯이 주무르는' 방법으로, 등 부분의 척추근(脊柱筋)이나 손등, 발등의 근육이나 힘줄에 사용한다.

❸ ── 2 지유날법(二指揉揑法)

엄지와 인지로 근육을 끼우고 '뜯듯이 주무르는' 방법으로, 목이나, 어깨, 손가락 등에 사용한다.

❹ ── 4 지유날법(四指揉揑法)

실시하는 사람의 엄지를 뺀 4 개의 손가락 안쪽으로 주무르는 방법으로, 머리 부분이나, 안면, 등 부분, 가슴 부분, 배 부분, 때로는 전완(앞팔) 등에 사용한다.

❺ ── 쌍수 유날법(双手揉揑法)

실시하는 사람의 양손을 동시에 사용하여 주무르는 수기로, 그 중, 양손의 엄지와 인지로 크게 근육을 쥐듯이 하여 좌, 우의 손을 서로 교호하여 움직이고, 톱으로 나무를 자르듯이, 양손을 전, 후로 움직여 주물러가는 수기를 거상유날(鋸狀揉揑)이라 하고, 맛사지하는 부분을 양손으로 끼우고, 송곳으로 비벼 뚫듯이 주물러 가는 수기를 추상유날(錐狀揉揑 : 송곳 주무르기)이라고 한다. 전자는 목이나 어깨, 복부, 상완, 전완부, 대퇴, 하퇴부에 사용하고, 후자는 상완부나 대퇴, 하퇴부 등에 사용한다.

유날법의 특히 중요한 작용은 주로 근육을 주무르는 것에 의해 그 혈행을 좋게 하고, 신진 대사가 원활히 되며, 피로소 등의 노폐물을 제거하여 충분한 영양과 산소를 공급하는 것에 의해, 경기에 의한 급성 근육 피로를 제거하고, 동시에 리드미컬한 압 자극에 의해 근육의 수축력을 높여 운동 기능을 항상 진전시키는 것에 있다.

● 고타법 (叩打法)
고타법은 실시하는 사람의 손의 여러 부분으로, 맛사지하는 부분을 리드

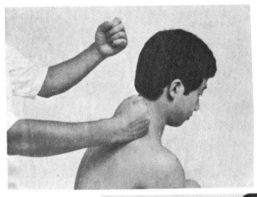

◀ 수권타법

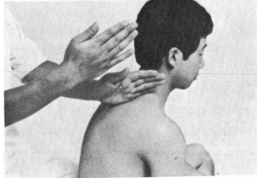

▶ 절타법

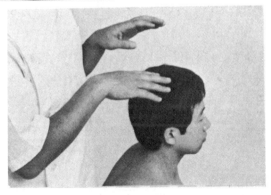

▶ 지두고타법

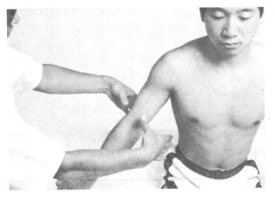

◀환상고타법

미컬하게 두드리는 방법으로 유날법이나, 압박법 등의 수기가 끝난 후에 실시하는 것이 보통이다. 실시하는 사람은 어깨의 힘을 빼고 상지(上肢)를 릴렉스 시키고, 팔꿈치에서 손목, 손가락을 세밀하게, 솜씨좋게 리드 미컬하게 움직여 행하는 것으로, 다음과 같은 여러가지 실시 방법이 있다.

❶ —— 수권타법(手卷打法)

실시하는 사람은 손을 가볍게 쥐고 그 새끼 손가락 쪽이 맛사지하는 부분에 '스치듯이 두드리는' 것으로, 좌, 우 교호하여 실시하거나, 한손으로 실시하거나 한다. 어깨, 허리, 상지, 하지 등에 사용한다.

❷ —— 절타법(切打法)

실시하는 사람은 손가락을 똑바로 펴고 새끼 손가락 쪽이 맛사지 하는 부분에 '스치듯이 재빨리 물건을 자르듯이 두드리는' 방법이다. 전신 어느 부분이라도, 가장 많이 사용하는 수기(手技)이다.

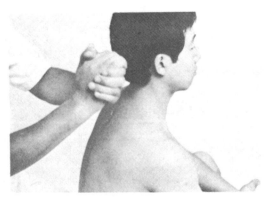

▶축기타법

◀소지구회전

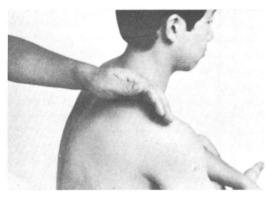

❸──지두고타법 (指頭叩打法)

실시하는 사람의 4개 손가락의 '손가락 끝으로 두드리기' 방법으로 머리나, 얼굴, 흉부나 복부에 사용한다.

❹──환상고타법 (環狀叩打法)

실시하는 사람은 양손의 엄지와 인지를 벌리고, 그 사이에 상대편 사람의 상지나 하지를 끼우는 듯한 형세로 '환상으로 두드리는' 방법이다.

❺──축기타법 (縮気打法)

실시하는 사람은 양 손바닥의 가운데를 움푹 들어가게 하여 공기를 품어 '슛' 하고 소리가 나듯이 두드리는 방법이다.

❻──소지구회전 (小指球回転)

두드리는 방법은 아니지만, 고타법 (叩打法)과 병행하여 자주 사용하는 수기로, 실시하는 사람은 한쪽 손의 새끼 손가락 쪽을 맛사지하는 부분에 붙이고, 손가락의 힘을 빼고, 손목을 재빨리 회전하는 것으로, 접촉 자극도 가해지는 상쾌한 수기이다.

고타법 (叩打法)의 주요 작용은, 그 두드리는 방법이나 리듬, 시간, 강도 등으로 다소의 차이는 있으나, 두드리는 것에 의해, 근육에 리드미컬한 자극이 가해져 신경──근육계의 움직임을 원활하게 하고, 운동 능력을 높이는 것이다. 그러나 비교적 긴 시간, 강하게 같은 수기의 고타법을 실시하면, 신경이나 근육의 기능에 대하여 억제적인 작용을 하는 경우도 있다.

● 진법(振法)

실시하는 사람의 손의 여러 부분을 사용하여, 맛사지하는 부분을 살살 흔

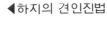

◀하지의 견인진법

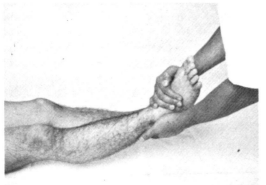

▶상지의 견인진법

들어, 조직에 진동 자극을 주는 수기이다. 특히, 상지나 하지에 대하여, 실시하는 사람은 양손으로 상대의 손이나 발을 잡고 끌어 당기면서 살살 흔드는 방법(견인진법＝牽引振法), 진짜 움푹 패인 곳에 실시하는 사람의 엄

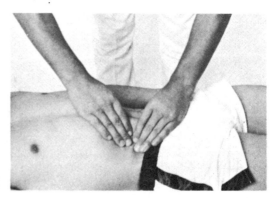

▶복부의 수장진법

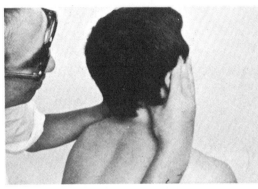

◀ 두부의 압박진법

지를 대고, 압박하면서 흔드는 방법 (지단진법), 또는, 복근을 양손으로 크게 쥐고 흔드는 방법 (수장 진법) 등의 수기 (手技)가 있다. 진법을 행하기 위해서는 실시하는 사람의 자세가 중요하여, 상반신을 조금 앞으로 향하게 하고, 어깨와 손목은 고정시키고, 팔꿈치를 일정한 각도로 유지하면서 살살 흔들도록 한다.

진법의 중요한 작용은 끌어당기거나 일정의 압을 가하면서 연속적으로 리드미컬하게 자극을 주어, 신경——근육계의 기능을 높이고 근육의 운동 기능 능력을 증진시키는 것이다.

●압박법 (圧迫法)

실시하는 사람의 손의 여러 부분으로 맛사지하는 부분을 지속적으로 또는 단속적으로 적당한 압박, 자극을 가하는 방법이다.

❶——간헐압박법 (間歇圧迫法)

맛사지하는 부분을 어떤 간격을 두고 압박과 이완을 반복하여 해 가는 방

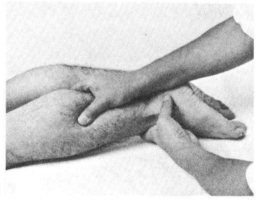

▶ 손바닥에 의한 간헐압박법

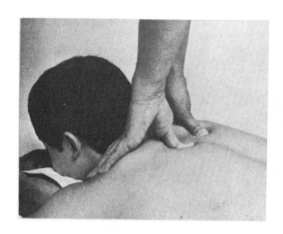

◀모지(母指)의
지속 압박법

법이다.

관절 부분의 간헐압박은, 실시하는 사람의 한손의 손바닥을 맞사지하는 관절 위에, 또 하나의 손을 관절 아래에 대고 적당히 눌러 관절을 끼워 넣듯이 압박을 가한다.

복부에서는 대상 부위가 넓기 때문에 네개의 손가락 끝이나, 작은 주먹을 쥐고 복부에 대고 실시한다.

어깨 부분, 허리 부분, 상·하지의 급소를 실시하는 사람의 엄지 손가락으로 간헐적으로 압박하는 방법도 있다.

❷──지속압박법(持續壓迫法)

실시하는 사람의 엄지 손가락 또는 인지, 중지, 약지의 3개 손가락 끝을 사용하여 맞사지하는 부분을 일정한 시간, 지속적으로 압박하는 방법이다. 지속의 시간은 1곳을 3∼5초 정도하는 것이 좋다.

압박하는 부위는 목──등의 척추쪽이나, 상·하지의 관절 부근으로, 신경이나 혈관이 뼈에서 피하 표층으로 나타나는 부분이나, 급소를 선택한다.

압박법의 중요한 작용은 신경, 근육의 기능의 상승, 과민에서 오는 통증, 경련 등을 억제하는 것이다. 경기에 의한 급성 피로 때문에 일어나는 이상한 근긴장, 통증, 때로는 경련을 진정시키는 데에 쓰인다.

두통이 있을 때에는, 뒷머리 부분에서 뒷목 부분에, 위장의 상태가 좋지 않을 때는, 등 부분이나 허리 부분의 척추쪽의 압통, 경결 부위에 압박법을 실시하면 빠른 효과를 볼 수 있다.

● 스포츠 맛사지에 응용하는 운동법

종래의 맛사지 수기는 어느 쪽인가 하면, 맛사지를 받는 것에 의하는 수동적, 소극적인 수기가 중심이었다. 그러나, 근년 리하빌리테이션(rehabilitation) 의료가 진보한 후 맛사지의 요령에도 운동법(치료 체조)이라고 하는 적극적인 수기가 받아 들여지게 되어, 앞에서 서술한 맛사지의 각 기본 수기와 병행하여 실시되게 되어 스포츠 맛사지의 요령에도 피로의 회복, 스포츠 장해의 치료에 효과가 기대되기에 이르렀다.

● 타동 운동법(他動運動法)

타동 운동이란 실시하는 사람이 상대의 관절을 타동적으로 움직이게 하는 방법이다.

이 방법은, 천천하고도 매끄럽게 대상관절(対象関節)을 움직이는 범위에서 최대로 움직이는 것에 의해, 염좌(捻挫), 탈구(脱臼)의 장해의 후에 관절의 구축(굳어짐)을 풀기도 하고 또 경기 전, 주동 관절(主動関節)의 컨디션을 조정하는데 사용된다.

● 자동개조 운동(自動介助運動)

▲자동 개조 운동 왼쪽
　어깨 굴곡(전방권상)

▶봉체조(전방권상)

실시하는 사람의 손을 모아 기구를 활용하여 자동 운동을 실시하는 것으로, 근육이 마비되어 힘이 약해지고, 자력으로 아직 충분한 움직임을 행할 수 없는 때에 이용하는 것이다.

사용하는 기구에는 체조용의 바아(bar)나, 도르레 등이 있다. 또 수중에서 손발을 천천히 움직이면, 부력이 작용하여 개조 운동의 형식이 된다.

● 자동 운동(自動運動)

자동운동이란, 자신이 자유로이 손, 발을 움직여서 근육의 마비나, 관절의 장해의 후유증에 대하여, 타동 운동이나 도수 교정 등을 실시한 후, 자력으로 관절을 움직여 근육 힘을 붙이고, 또 협조성 운동의 안정을 얻어 보다 바른 운동 패턴을 회복시키는 것이 운동 목적이다.

● 저항 운동(抵抗運動)

저항 운동은, 자동운동에 저항을 주어 운동시키는 것으로 근력을 증가시키는 것과, 그 지구력을 양성하기 위해 실시 되어지는 것이다.

마비 등으로 약해진 근육을 강하게 하는데는 그 근육에 대하여 최대의 짐이 되는 저항을 점증적으로 주도록 한다. 그 경우, 횟수는 10~20회 정도가 좋다. 또 등척성 운동(짐을 주어 운동시키려 하나, 관절의 움직임이 없는

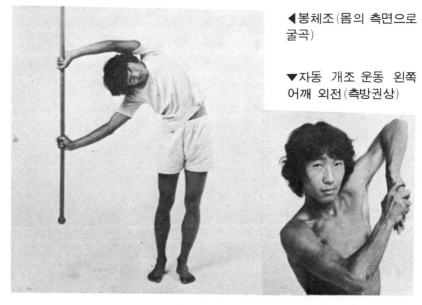

◀봉체조(몸의 측면으로 굴곡)

▼자동 개조 운동 왼쪽 어깨 외전(측방권상)

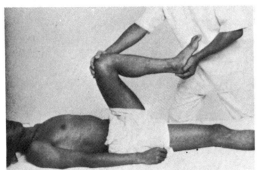

◀다리 · 무릎 관절의 타동
운동법

▶어깨 관절의
타동 운동법

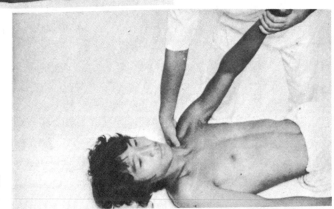

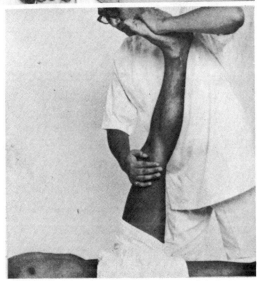

▶무릎 관절의 굴곡(下肢
後側의 伸展法)

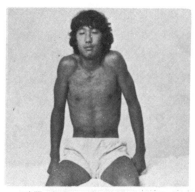

▲ 자동 운동. 견갑골 끌어 올리기

▲ 어깨 앞으로 돌리기

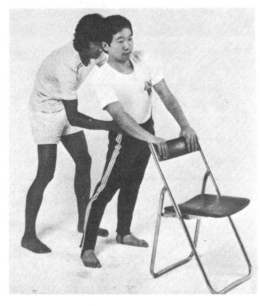

◀ 골반의 콘트롤

경우)쪽이 보다 효과적이다.

또 지구력을 붙이기 위해서는 그 근육에 있어서 최대의 부담 보다는 조금 작은 부담을 주어 횟수를 거듭하는 편이 좋다.

저항을 주는 방법에는 실시하는 사람이 손으로 주는 도수 저항, 여러가지 기구를 활용하는 경우 등이 있다. 예를 들면, 철 아령, 수추 벤드, 모래 주머니, 익스팬더(expander), 가정에서는 다리미, 큰 사전 등을 일상적으로 가볍게 사용할 수 있다.

전문의 리하빌리테이션 병원에서는 더욱 규모가 큰 수추 도르레 훈련기 등의 운동 기구가 있는데, 여기에서는 생략한다.

● 교정 운동(矯正運動)

교정 운동은 염좌나 탈구, 골절의 기브스 고정 등을 할 때, 관절의 주위의 연부 조직(관절포, 힘줄 등)이나 극도로 피로하여 단단히 굳어져 있는 근육을, 맛사지를 실시하는 사람의 손이나 기구를 이용하여 끌어 당겨 펴서 (신장 운동), 그 부분의 단단함을 풀고, 관절의 운동을 원활하게 하기 위한 운동법이다.

전문 병원에서는 골절 후유증에 대하여 도르레, 그 외의 기구를 활용하여 교정법을 자주 행하는데, 스포츠 맛사지의 입장에서는 주로 척추나 단단해진 근육, 관절의 도수 교정법이 중요하다. 서로 단단해진 근육을 도수로 끌어 당겨 펴는 방법과, 자기 자신이 특히 하지에 있어서는 체중을 부하(負荷)하여 실시하는 방법이 있다.

또 특히 추골이나 견갑골, 골반이나 손·발의 관절의 위치를 조정하는 방법으로, 실시하는 사람이 손을 잡고 충격적으로 압력을 가하는 마니플레이션(Manipu lation)이라고 하는 수기가 있다.

▶철 아령에 의한 저항 운동

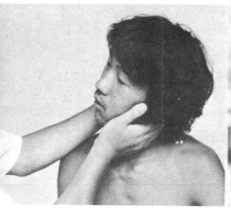
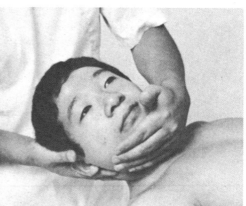

▲마니플레이션 (좌위)　　　　　　　▲마니플레이션 (배와위 : 背臥位)
　경추의 조정법　　　　　　　　　　　경추의 조정법

● 도수 (徒手)에 의한 교정법 (矯正法)의 중요한 것

❶──경추의 조정법 (염전법)
　　경추의 아탈구의 정복에 사용.

❷──흉추의 조정법
　　흉추의 아탈구의 정복에 사용. 상대편 사람은 양손을 모으고, 실시
　　자는 그 뒤에서 양 무릎 머리를 상대의 등 중앙에 대고 실시한다.

❸──요추의 조정법 (염전법)
　　요추의 아탈구, 염좌, 헤르니아 등 때에 사용한다.

❹──견갑대에서 어깨 관절의 교정법
　　①양손을 똑바로 펴서 머리 위에 올리고, 강하게 편다. 그 손을 아
　　　래로 끌어 당기고 팔꿈치를 뒤로 내 찌른다.
　　②양손을 모아 목 뒤로 대고, 그대로 팔꿈치를 앞으로 내찌르기도하
　　　고, 옆으로 늘린다.
　　③양 팔꿈치를 몸 옆에 대고, 팔꿈치는 직각으로 구부려 손바닥은 상
　　　향시키고, 앞 팔부분을 옆으로 벌렸다, 닫았다 한다.
　　④양 손을 허리 근처에 모으고, 척추를 상·하로 움직인다.

❺──상지 전체의 신장법
　　①굴근군의 신장법.
　　②신근군의 신장법.

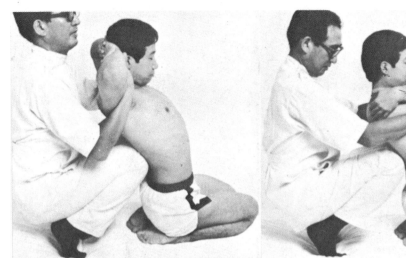

▲흉추의 조정법
양손을 목 뒤로 젖힌다.

▲흉추의 조정법
양팔을 머리 앞으로 당긴다.

❻——허리의 신장법

①배와위로, 양손으로 양 무릎을 잡고, 가슴에 붙을 정도로 깊이 구부려 둥글게 되도록 한다.

②정좌위 또는 책상다리 좌위로 양손을 목 뒤로 모으고 척추를 편다. 그대로 자세를 유지하면서 가슴이 바닥에 붙을 정도로 깊이 상체를 앞으로 구부린다.

❼——고 관절(무릎 관절) 굴절의 신장법

①베드 위에서 배와위에서.

②복와위에서.

❽——대퇴 사두근(大腿四頭筋)의 신장법(伸張法): 복와위(腹臥位)에서 고관절(股関節; 넙적 다리 관절)과 슬(膝; 무릎)관절을 동시에 강하게 신전(늘린다).

❾——비복근(腓腹筋)의 신장법(伸張法)

무릎을 신전시킨 위치에서 발등 방향으로 구부려 신장.

● 간단한 기구 이용의 교정법

❶——막대기를 사용한 교정법

①견외전(肩外転)의 교정(矯正).

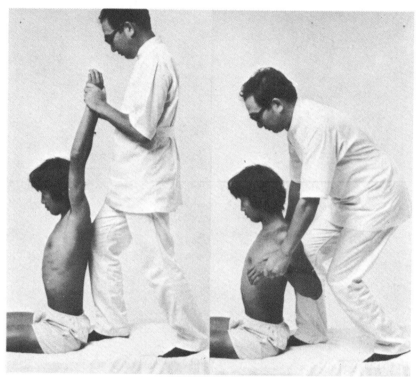

▲견갑대에서 어깨 관절의 교정법

　　②어깨 회선 운동의 교정.
　　③척추의 교정법(굴신, 회선, 측굴).
　　④대퇴 내전근의 신장.
❷──의자를 사용한 교정법
　　①견갑대에서 어깨 관절의 신장 : 앞으로 향하기, 뒤로 향하기.
　　②대퇴 후측근, 비복근의 신장.
　　③요부(허리)의 신장.
❸──도르레를 사용한 교정법
　　①어깨와 팔꿈치의 신장(좌위에서).
　　②무릎 관절의 신장법(굴곡, 신전).

　●그외의 특수한 운동법
❶──윌리엄즈의 체조

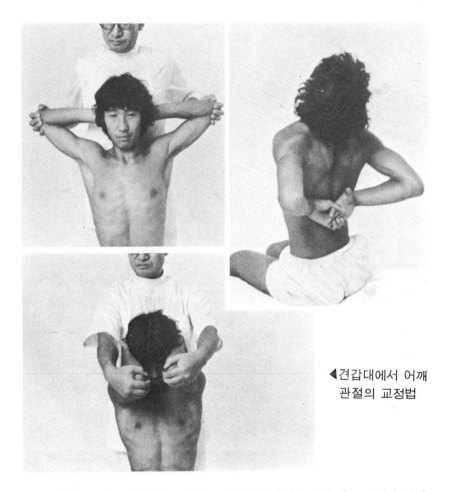

◀견갑대에서 어깨
관절의 교정법

　이 체조는 주로 척추를 조정하는 것에 의해, 자세를 좋게 하고, 요통을 편하
게 푸는 데에 효과가 있다.
　그 중요한 목적은, 나쁜 자세를 운동에 의해, 추골의 배열 이상이나 척추
의 완곡의 이상이 원인이 되어 허리가 아픈 때에 효과가 있고, 우선 단단
하게 수축되어 있는 허리 근육을 충분히 신장시켜, 척추 전체의 완곡을
조정하고, 특히 요추(腰椎)와 골반(骨盤)의 밸런스를 정비하는 것에 의해,
요통이 없어지게 된다.
　　① 배와위(背臥位)로 양 하지(兩下肢) 동시, 또는 교호하여 깊게 무릎
　　　머리가 가슴에 닿을 정도로 천천히 구부려, 허리 근육을 강하게 신

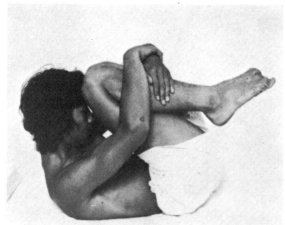

◀배와위 허리 신장법

▶좌위에서 허리의
신장법

장한다. 머리를 들어 올려 얼굴과 이마 머리가 닿을 정도로 척추전
체를 구부린다.
②양 무릎을 세우고 배와위(背臥位)가 되도록 하고, 복근(腹筋)과 전
근(臀筋)을 사용하여 허리를 일으킨다. 이것은 요추와 골반의 콘
트롤을 하기 위함이다.
③복근을 강하게 하기 위한 체조
  ●양손을 목의 뒤에 모으고, 상체를 일으키는 운동.
  ●배와위(背臥位)로, 양발 동시에 뒷꿈치가 바닥에서 10cm 정도 떨
  어질 정도로 들어 올린다.
  이들의 치료 체조는 맛사지를 실시한 후에 행하면, 더욱 효과적
  이다.
❷──릴렉션 테크닉
  한 마디로 말하자면 힘을 빼는 것으로,이 방식은 아메리카의 E. 제

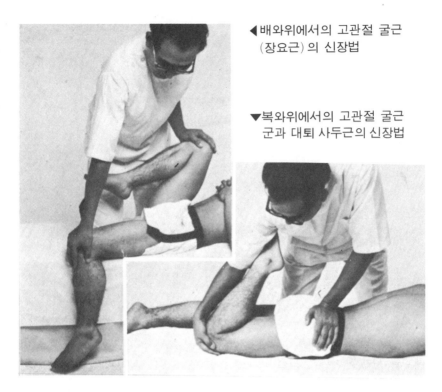

◀배와위에서의 고관절 굴근
(장요근)의 신장법

▼복와위에서의 고관절 굴근
군과 대腿 사두근의 신장법

콥슨(Edmund Jacobson)이 Progressive relaxation(점진적 이완)을
제정하여 세계적으로 퍼져나간 방법이다. 원칙적으로는 중추부에서 말
초부로 점진적으로 근육의 힘을 빼가는 방법으로, 신체 각부의 근육에
대하여 그 긴장과 이완의 차이를 감각적으로 인식시키는 것에 의해 근
육의 이상한 긴장을 제거하고, 보다 스무스하게 운동을 행할 수 있게
하는 것이다.

예를 들면, 팔을 수평으로 앞으로 펴고 손목만을 배굴위(背屈位)로
하여 한참동안 유지하면, 앞팔의 신근군에 어쩐지 조금 나른한 듯한 긴
장감을 느낀다. 그 손을 이번에는 급하게 힘을 빼어 손목을 늘어뜨리면,
그 긴장감에서 해방되어진, 릴렉스한 느낌을 느낀다. 이와같이 신체의
여러부분의 근육에 대하여 그 긴장과 이완을 반복하여, 이상한 근 긴장
을 릴렉스시켜 보다 조정되어진 운동을 할 수 있도록 하는 것이다.

스포츠맨에 있어서도, 경기에 임하는 근육이 이상하게 긴장(과긴장)
하면 경기의 성적도 떨어질 뿐 아니라, 경기 중의 외상의 원인이 되고

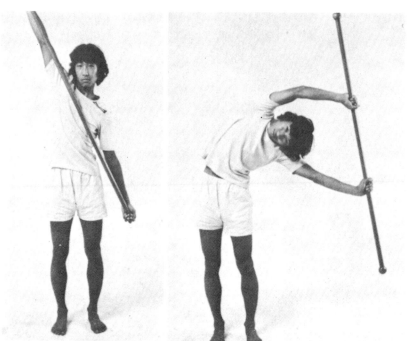

▲봉을 사용한 어깨의 교정법　　　　　▲척추의 교정법 (側屈)

경기 후의 근육의 피로도 크다.

　근육의 과긴장을 릴렉스시키기 위해서는 심리적인 요소도 크다. 따라서 느슨하게 할 때는 정신적으로도 릴렉스 하지 않으면 안된다. 또 호흡의 조정도 중요하다. 특히 복근을 사용한 큰 복식 호흡이 좋다.

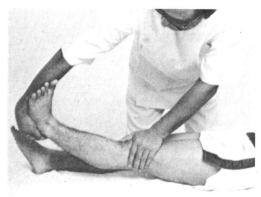

◀비복근 신장 교정법

▲척추의 교정법(伸展)

▲대퇴 내전근의 신장

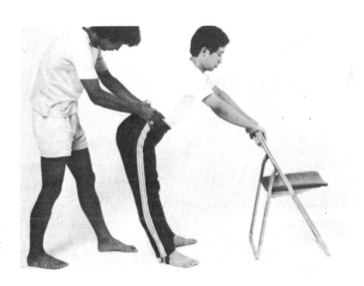

▶의자를
사용한
체조

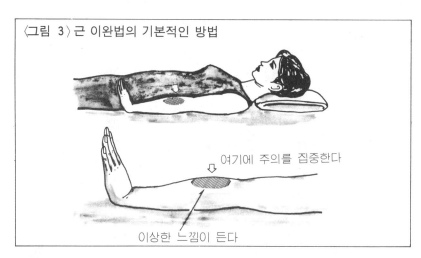

〈그림 3〉근 이완법의 기본적인 방법

여기에 주의를 집중한다

이상한 느낌이 든다

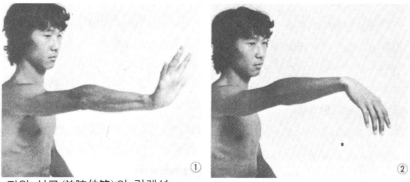

① ②

전완 신근(前腕伸筋)의 릴렉션
　①강하게 배굴(背屈)　②힘을 빼고 손목을 느려뜨린다.

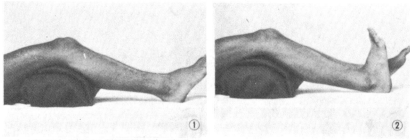

① ②

발 관절의 배굴근(背屈筋)의 릴렉션
　①저굴(底屈)　②배굴(背屈)

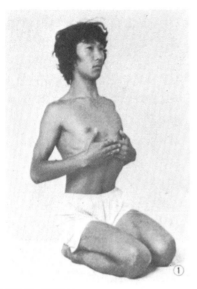 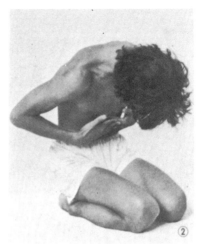

복근의 릴렉션

① 복근을 느슨하게 하여 숨을 들이마신다.

② 복근에 힘을 넣어, 배를 움푹 들어가게 하고 숨을 내쉰다.

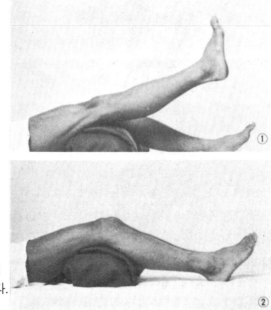

▶ 대퇴 사두근의 릴렉션

① 강하게 무릎을 편다.

② 힘을 뺀다.

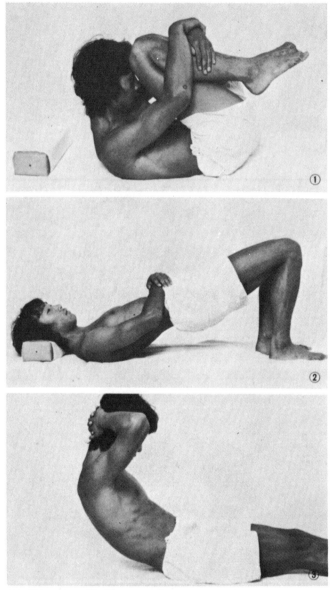

윌리엄즈의 요통 체조
　① 요부(허리)의 최대 신전(伸展)
　② 골반의 콘트롤 ③ 복근의 강화

① 앞 팔 신근의 릴렉스법.

② 상완 굴근의 릴렉스법.

③ 장딴지 근육의 릴렉스법.

왼 다리를 펴고 앞발을 낮게 구부리면, 장딴지는 근육의 긴장을 느낀다. 한참동안 유지했으면, 쑥 힘을 빼고 그 근육을 릴렉스 시킨다.

④ 대퇴 사두근의 릴렉스법.

무릎을 강하게 펴고 대퇴 사두근의 긴장을 느끼고, 또 힘을 빼고 릴렉스 시킨다.

⑤ 복근의 릴렉스 법.

복근을 강하게 끌어 당겨 복근의 긴장을 느끼고, 그 후 느슨하게 릴렉스를 시킨다.

⑥ 호흡을 길게 들이 마시고, 흉부에서 횡격막에 걸쳐 긴장을 느낀다.

그 후 호흡을 자연스럽게 내뿜고 릴렉스 시킨다.

⑦ 정신 활동의 릴렉션.

특히 조용한 방을 선택하여 15분간 정도 눈을 감고 상기에서 말한 몇 개인가의 근육의 릴렉스법을 실시한다. 다음에 예를 들면, 자동차가 자신의 눈앞을 지나가는 것을 상상하면, 실제로 움직이고 있는 자동차를 쫓는 것과 같은 느낌이 들고, 눈의 하부에 안구 운동의 긴장감을 느낄 수 있다. 그런 후, 이 긴장을 릴렉스 시킨다. 이 때 상상한 이미지를 무리하게 지우려 해서는 안되며, 눈동자의 긴장감만을 릴렉스 하도록 노력한다. 한참동안 그대로 이완 상태를 유지한 후, 다른 이미지에 대해서도 같은 긴장 ― 이완을 반복한다.

● 스포츠 맛사지에 병용하는 물리요법 (物理療法)

물리 치료에도 많은 종류가 있으나, 스포츠 맛사지와 병용하여 실시되는 것의 중요한 것은 다음과 같은 것이 있다.

주로 스포츠 외상의 치료에 사용된다.

● 물리요법의 종류

◀등의 옷트팍크

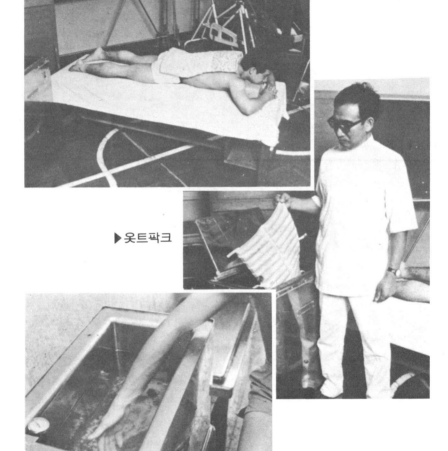

▶옷트팍크

◀파라핀 욕

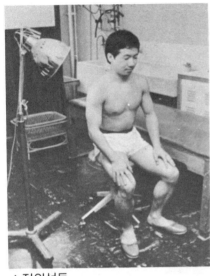 

▲적외선등 　　　　　　　　▲견갑 전광욕

〔전기 요법 電気療法〕
　　①평류 전기 치료(平流電気治療)
　　②저주파 전기 치료(低周波電気治療)
　　③감전 전기 치료(感伝電気治療)
　　④초단파 치료(超短波治療)
　　⑤극 초단파 치료(極超短波治療)
　　⑥초음파 치료(超音波治療)

〔광선 요법 光線療法〕
　　①자외선 요법 (인공 태양등 ; 人工太陽燈)
　　②적외선 요법 (亦外線療法)
　　③일광욕 (日光浴)

〔온열·욕 요법 温熱·浴療法〕
　　①온습포(温湿布 ; 웃트팍크, 파라핀 욕)
　　②전광욕(電光浴), 열기욕(熱気浴), 증기욕(蒸気浴), 증기 압주욕(蒸
　　　気圧注浴)
　　③전신 온욕(全身温浴), 부분 온욕(部分温浴), (족욕, 수욕, 좌욕)냉

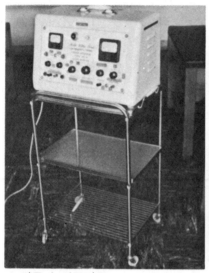

▲ 저주파 치료기구

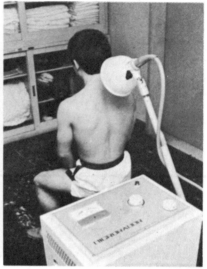

▲극 초단파 치료기구

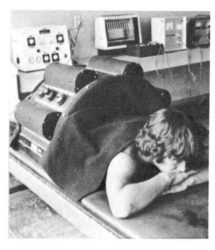

◀허리의 전광욕

온 교체욕, 과류욕(過流浴)

④ 운동욕(運動浴)

⑤ 온천(溫泉)

❶──온습포(溫湿布)

염좌, 탈구, 골절 등의 후유증, 요통, 어깨의 통증 등 동통성의 장해에 대하여, 맛사지나 운동법을 실시하기 전에 그 나쁜 곳을 자주 따뜻하게 한 다음 실시하는 것이 한층 효과가 있다.

단지 염좌, 탈구, 그 외의 외상의 급성기(외상을 당한 직후 그 부분이 빨갛게 부어 아프고, 열이 있을때)때는 따뜻하게 해서는 안된다. 오히려 냉습포를 행하여 안정시킨다.

온습포에는 핫팩크가 있다. 열온(약80도)으로 데워진 물을 흡수하여 부드럽고 큰 열을 저장한 팩을 만들어 나쁜 부분의 피부에 직접 대고 15분 정도 방치하면, 온열이 환부에 작용하여 충혈작용, 진통 작용도 크다. 팩을 따뜻하게 하는 기구는, 병원에서는 하이드로코레이터 전기 가온 자동 장치라고 하여, 전문적인 기구가 있으나, 가정 등에서는 대형의 세면기나 그릇 등으로 따뜻하게 해도 좋다.

❷──냉습포(冷湿布)

염좌, 타박 등의 외상 때는, 우선 그 부위를 청결하게 유지하는 냉습포를 행하여 안정하도록 한다.

냉습포에는 냉수 습포가 가장 손쉽게 쓰여 지는데, 이내 건조되어 버리기 때문에, 습포 약이나, 후지 팩, 파텍스 등으로 습포하고, 그 위를 포대로 덮어 고정하면 좋다.

❸──파라핀 욕(浴)

고형 파라핀을 열원으로써 실시하는 온열 요법으로, 용기에 고형 파라핀을 넣고 가열하여, 55도 전·후에서 액상으로 용해시켜 둔다.

한 가지 방법은, 그 속에 손이나, 발을 넣어 1, 2초 된 다음 빼면, 장갑 상태(손의 경우), 또는 양말 상태(발의 경우)에 파라핀이 부착한다. 10~12회 넣다가 빼다가 하여 수 미리의 두께의 막이 생기면, 그 위를 비닐로 씌우고 목욕 타올이나 작은 모포로 감싸 15~30분 간 유지한다.

또 하나의 방법은 어깨, 허리, 등 등의 부분에 대해서는, 용해된 파라핀을 솔로 몇 번이나 반복하여 칠하는 방법이다. 파라핀 욕은 온열의 침투도가 크고 그 효과도 오래 계속되는 것이 특징이다.

❹──온열(温浴), 사우나, 온천(温泉)

경기가 끝나고 전신이 피로해 있을 때 입욕하는 것은, 더러워진 신체를 씻고, 정신적으로도 릴렉스하게 하여, 전신의 혈액 순환도 좋아지고, 근육의 피로도 제거할 수 있다.

그러나, 너무 뜨거운 탕에서 장시간 들어가 있는 것은, 오히려 피로를 증가시키는 결과가 되기 때문에, 40도 전후의 온도로, 시간도 5～10분 정도로 끝내는 것이 좋다.

저녁 식사 후 목욕하여, 유유 자적한 분위기 속에서 전신 맛사지를 실시하면, 그날의 피로도 풀리고 내일의 경기력을 비축할 수 있게 된다.

또 시즌 오프 때는, 특히 온천에라도 가서 자연이 베풀어 주는 은혜로운 환경 속에서, 온천에 몸을 담그고 몇일인가 여유있는 유유 자적한 생활을 보내는 것도,또다시 임해야 하는 경기의 시즌에 대비하여, 심신의 컨디션을 정비하고,새로운 기술의 구상을 계획하는 데도 큰 도움이 될 것이다.

❺──적외선등 (亦外線燈)

적외선 등이란 파장 0. 75μ ～ 1 mm까지의 광선을 말하며, 생체에 조사 (照射)하면, 주로 몸의 표면을 따뜻하게 하는 효과가 있다. 보통 사용되어지고 있는 것은, 300～500W의 소라크스람프, 또는 소라이트 등이다.

❻──전광욕 (電光浴)

전기 열기욕 장치 속에, 텅스텐 전구를 전신용은 26개, 국소용은 6～8개 사용한 것으로, 그 효과는 특히 발한 작용에 현저하다.

❼──저주파 전기 치료법 (低周波電気治療法)

주파수 (周波数) 1000～1500 헬스 이하의 저주파를 인체에 직접 통류하는 것으로, 주파수나 전류량 암페아, 통전 시간을 가감하는 것에 의해, 신경이나 근육 마비 때도, 또 신경통 등의 동통성의 증상에도 효과가 있다.

마비된 근육에 대해서는, (＋)극을 마비 근육의 자극점 (전기 운동점) 에 대고, (－)극은 어깨, 배 부분이나 요선부에 대어, 비교적 주파수가 긴 것 (1～500 헬스)을 사용하여, 5～20분 정도 통전한다.

신경통 등의 진통의 목적으로 통전할 때는, 반대로, 자극 부위에 (－)극을 대고, 주파수는 500～1500 헬스를 사용한다.

❽──극 초단파 치료법 (極超短波治療法)

극 초단파 치료법은 전자파 조사 치료법,마이크로 치료법으로, 주파수는 2450 메가 헬스, 파장 12. 5 cm의 전자파를 이용하는 조사 방법으로 치료하는 것으로, 조직의 심부 (5～6 cm)까지 가온 효과가 있고, 소염, 진통 작용이 강하기 때문에 견갑통 (어깨 통증), 요통, 무릎의 통증 등에 현저한 효과가 있다. 사용하는데 있어서는, 고주파의 발생에는 높은 전압이 들기 때문에, 화상이나 감전에 충분한 주의가 필요하다.

● 포대법 (包帶法)과 반창고, 그 외의 고정법

야구를 할 때 손가락을 삐거나, 손목을 비틀거나 하여, 염좌나, 건초염을 자주 일으킨다. 이런 때에는 그 관절을 포대나 반창고로 고정시키는 것이 중요하다.

● 포대법과 그 외의 고정법

염좌 등 손상부에 대하여 처음에는, 관절부에는 카라코지, 근육부에는 탄성 포대로 고정한다. 일단 인대(靭帶)가 손상되면, 건전한 인(靭)으로 되돌

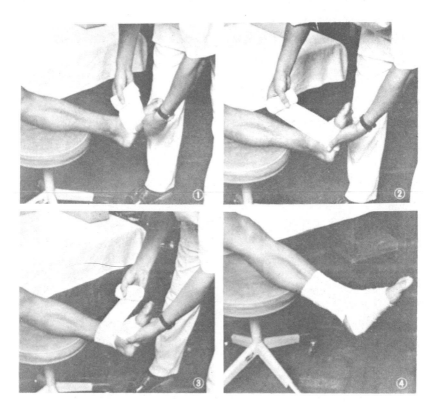

▲발 관절 고정을 위한 탄력 포대
① 말기 시작하는 부분　② 포대를 조금씩 펴면서
③ 발목을 8 자형으로 감듯이　④ 말기를 끝냈을 때

아 오기까지에는 적어도 6개월이 걸린다. 스포츠맨의 그러한 장해도 무거운 경우에는 전문의 치료를 받지만, 가벼우면 그대로 다소 아프더라도 참고 방치해 두는 경우가 자주 있다. 그 언제까지나 완전하게는 치료되지 않고 경기 성적도 오르지 않아 고민을 하고 있는 사람이 있다. 부상을 입은 인대·힘줄 등, 관절 주위의 연부 조직이 완전히 회복하기까지, 수상부(受傷部)의 약함을 도와 관절의 과신장을 방지하는 의미에서, 사포타나 탄력 포대, 그 외의 포대로 보호할 필요가 있다.

❶──탄력 포대(弾力包帯)

신축성이 커서, 살갗에 딱대어 적당하게 긴박력(緊迫力)을 주어 부드럽게 고정시키고 보호한다.

외상에 의한 부어 오름에 대한 압박포로써, 또 염좌, 탈구의 관절 고정에 최적이다. 크기는 2호(5 cm~ 4.5 m)에서 7호(17. 5 cm× 4. 5 m)의 6가지 종류가 있고, 1호의 폭이 2. 5 cm 이다.

❷──사포텍스

고무줄을 같이 짜 넣은 탄력 포대로써 약 3배의 신축성을 갖고 있고, 신축 강도가 자유로이 조절되기 때문에, 염좌나, 탈구, 골절 후유증의 관절의 보호에 최적이다.

❸──에라텍스(점착성 탄력 포대)

에라텍스는 올코튼제의 탄력 포대에 점착제를 바른 점착성 신축 포대로, 살갗의 발한 작용(發汗作用)을 방해하지 않는 특수한 다공성(多孔性)의 점착제를 갖고 있다. 그 때문에 피부의 배출액(排出液)이 자연스럽게 증발되어 피부병을 일으키지 않는 특징이 있다. 상·하지의 각 관절, 늑골, 흉쇄 관절(胸鎖関節)의 고정에 사용된다.

❹──웨스터 벨트(요통대)

웨스터 벨트는, 경도의 요통증 때의 요추의 지지로써 사용된다. 메직테이프를 사용하고 있기 때문에, 어느 위치에라도 고정시킬 수 있고, 느슨해지지 않는다. 스포츠맨에게 많은 요통증에 적합하다. 프리 사이즈와 비만체 용이 있다.

❺──사포타

사포타는 스포츠맨에게는 가장 많이 사용되어지는 포대이다. 보호하는 관절에 맞추어 적당한 크기의 것을 사용한다.

● 앙클아치　● 앙클벤드　● 엘보벤드　● 사이벤드　● 니이캬프

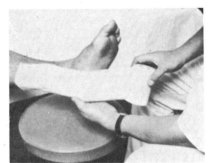

▲에라텍스에 의한 발목 고정법

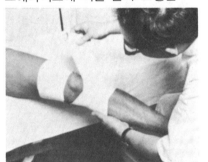

▲에라텍스에 의한 무릎 고정법

▶웨스터 벨트(요통대)

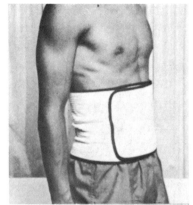

▲ 포대법과 반창고, 그외의 고정법

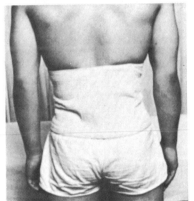

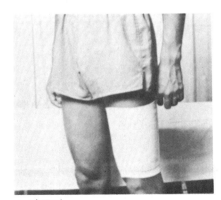

▲사포타

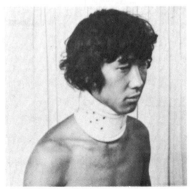

▲폴리넥칼라

❻──폴리넥칼라(경추 고정용 시네)

폴리넥칼라는 경추 고정용 시네로써, 셋칼라나 라그비 등, '목'을 동반한 경기의 장해로써의 어깨에서 목에 걸쳐 걸리고, 통증이 오고, 상지의 통증, 저림 등이 동반되는 상태가 될 때에는 손의 근력이 떨어지고, 두통, 불면, 불안정 등의 정신 신경 증상을 동반한 일련의 증상군에 대하여 경추를 고정하는 시네이다.

❼──연성(軟性) 콜셋트

야구의 투수, 체조 경기, 씨름, 유도 등의 경기를 비롯하여, 스포츠 장해로써는 요통이 매우 많다. 또 요통이면, 앞에서 서술한 웨스터벨트도 좋은데, 헤르니아나 요추 분리증 등 요추에 이상이 있을 때는, 콜셋트로 고정시킬 필요가 있다.

이 연성 콜셋트는, 번거로운 기부스의 체형이 필요없이, 4개의 부드러운 스티로폴 판 판넬이 단단한 자세를 유지하고, 특수 조절 벨트가 요부 전체를 당겨 조여, 치료 효과를 높인다.

● 반창고 고정법

반창고 고정은, 특히 관절 염좌, 손목의 권소염 등 때의 손쉬운 고정법으로써 널리 사용되어지고 있는 것으로, 사용되는 반창고는 폭 4 cm 정도의 것이 좋다. 또 축구나 럭비와 같이 매우 발 관절의 염좌를 일으키기 쉬운 경기때, 미리 발 관절에서 하지 부분에 걸쳐 반창고를 감아 두는 것도 그 예방에 도움을 준다.

특히 전에 염좌를 일으킨 경험이 있는 선수에게는 권해야 할 방법이다. 반창고로 고정시킨다고 해서, 그 관절의 운동을 크게 제한하는 것이 아니다. 과대한 운동(가능 범위를 넘는 운동)을 제한하고 인대를 보강하는 역할을 하는 것이다.

❶──손목 고정법

폭 4 cm 정도의 반창고를 손목에 2∼3회 감기도 하고, 야구의 피쳐나 테니스 선수에게 자주 일어나는 손목의 비틈에 의한 건소염에는 건(힘줄)의 운동을 제한하기 위한 방향에 반창고를 붙인다.

❷──무릎관절(膝関節)의 고정법

폭 4 cm의 반창고를 잘라 1개는 대퇴 전부(앞에)에서 하퇴 후면으로, 또 1개는 반대로 대퇴 후면에서 하퇴 전면으로 각각 비스듬하게, 서로 무릎관절의 측면에서 교차하도록 붙인다. 그리고 이 반창고가 벗겨지지 않도록 대퇴부, 무릎 위, 하퇴부에 3개를 붙인다. 경우에 따라서는, 무릎 관절의 안쪽과 밖쪽의 양면에 붙일 때도 있다.

❸──발 관절의 고정법

발 관절을 직각으로 두고, 폭 4 cm의 반창고를 가지고, 1개는 대퇴 밖같쪽 중앙에서 발 관절의 바깥쪽을 지나 발 바닥으로, 그리고 하퇴 안쪽 중앙으로 돌려 붙인다. 2개째의 반창고는, 하퇴 안쪽 중앙에서 하퇴 앞면, 발 관절 안쪽을 통하여 발 바닥으로, 그리고 발 관절의 밖쪽을 돌아 비스듬한 윗 방향으로 전진, 하퇴 쪽 중앙에서 멈춘다. 마치 하퇴 전면 하부에서 교차하는 느낌이 든다. 그리고 3개째의 반창고로 앞에 붙인 반창고가 벗겨지지 않도록 안쪽 복사뼈, 밖 복사뼈를 묶듯이 발 관절 전면에서 옆으로 붙인다.

2개의 반창고를 조금 비켜 겹치듯이 하퇴 안쪽 중앙에서 발밑을 돌아, 2개를 조금 빗겨서, 발 부분의 안쪽, 하퇴 밖쪽 중앙에 붙이고, 그리고 역시 2개를 빗겨, 발 부분의 안쪽, 뒷쪽, 밖쪽에 돌려서 붙인다.

● 삼각건(三角巾)에 의한 고정법

삼각건 고정법은 유도, 씨름 등의 경기에서 일어나기 쉬운 어깨 관절의 탈구의 정복(整復) 후의 고정, 전완 골절(前腕骨折)때의 안정 지위를 유지하는 방법으로써 사용되어지는 방법이다.

삼각건이 없을 때는, 보자기 등도 좋다.

▼삼각건에 의한 어깨 고정법
 ① 삼각건을 사진과 같이 잡는다.
 ② 팔꿈치를 직각으로 구부리고, 삼각건의 한 가운데에 댄다.
 ③ 삼각건의 정점을 조금 접어 둔다.
 ④ 삼각건의 한쪽 끝을 등에서, 또 한쪽은 앞에서 어깨로 돌린다.

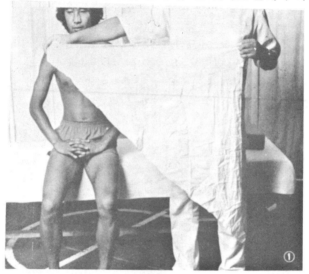

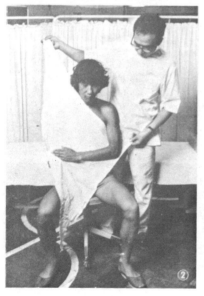
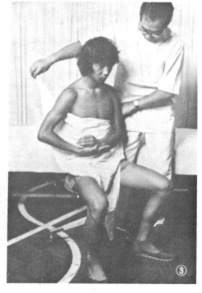

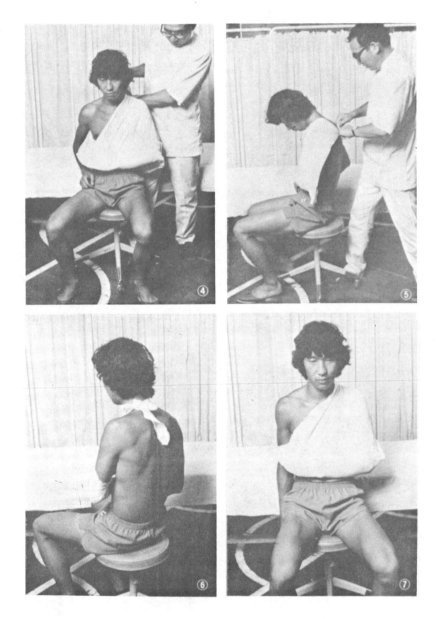

⑤ 등의 가운데서 양끝을 묶는다.
⑥ 등 가운데서 묶은 것.
⑦ 감기가 끝난 것을 앞에서 본 것.

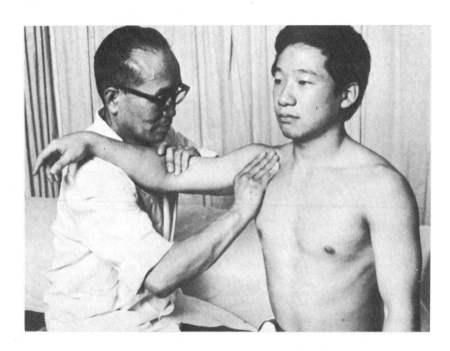

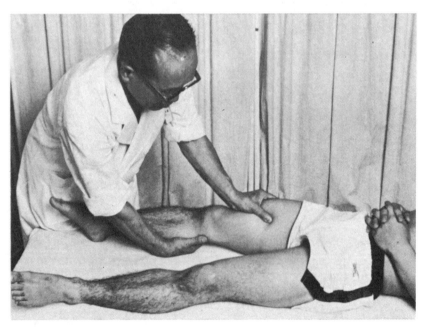

제3장
신체 각부의 맛사지

● 상지(上肢)의 맛사지

● 수부(手部)

상대의 자세와 실시하는 사람의 위치 상대는 베드 또는 의자에 앉든가, 배와위가 되도록 한다.

❶──수지(手指)

㉠손가락 끝에서 손가락 뿌리에 걸친 2지 경찰법(二指輕擦法).
손가락 앞과 뒤에서, 안과 밖에서 끼우듯이 하여 실시한다.

㉡각 손가락의 2지 유날법(송곳으로 쑤시듯이), 간헐 압박법(間歇壓迫法).

㉢각 손가락의 강찰법(強擦法).

㉣㉠과 같은 경찰법(輕擦法).

㉤손가락의 운동법(運動法).

손가락 관절의 타동운동법(他動運動法) 각각 손가락을 천천히 타동적으로 구부렸다, 폈다 한다.

손가락 신전법(伸展法) 각각의 손가락을 실시하는 사람의 엄지 손가락과, 인지로 잡고 강하게 늘여 흔들어 빨리 놓는다.

❷── 손등

㉠손등 전체의 수장 경찰, 중수골의 지두 경찰법(指頭軽擦法) : 엄지 손가락의 머리 부분을 각 중수골 사이에 꽂듯이 집어 넣어 쓰다듬고, 어루만지고, 비빈다.

㉡각 중수골(中手骨) 사이의 모지유날법(母指揉捏法).

㉢손등 각 신근건(伸筋腱)의 모지유날, 강찰법, 건 이동술(힘줄을 엄지로 잡고,여기 저기 이동시켜 주위 조직에서 빠지도록 이동시키는 수기).

㉣㉠과 같은 경찰법.

㉤엄지와 인지, 중수골 사이에 붙은 근의 모지 압박법(母指圧迫法).

㉥손가락의 굴신 운동과 내·외전 운동 (손가락의 중지를 중심으로 벌렸다, 닫았다 하는 것).

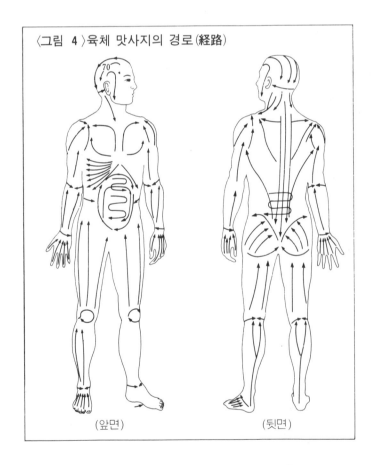

〈그림 4〉육체 맛사지의 경로(経路)

(앞면)   (뒷면)

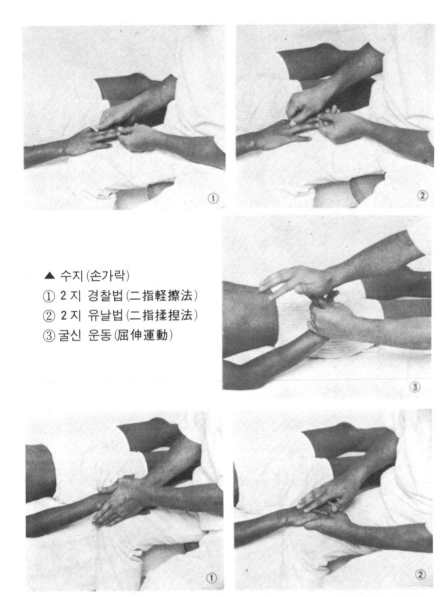

▲ 수지 (손가락)
① 2 지 경찰법 (二指輕擦法)
② 2 지 유날법 (二指揉捏法)
③ 굴신 운동 (屈伸運動)

▲ 손등 ① 손등 전체의 수장 경찰법 (手掌輕擦法) ② 중수골간 지두 경찰 (中手骨間指頭輕擦) ③ 손등 각 신근건 (伸筋腱)의 모지유날법 (母指揉捏法) ④ 손가락 각 신근건의 건 이동술 (腱移動術) ⑤ 중수골 (中手骨) 사이의 모지 압박 (母指圧迫) ⑥ 굴신 운동

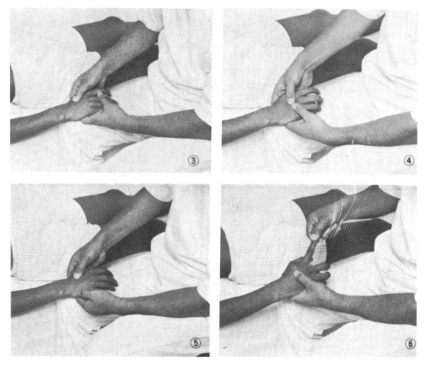

❸——손바닥

　㉠ 손바닥 전체의 지과 경찰법(指髁軽擦法).

　㉡ 모지구(母指球), 소지구(小指球)의 손바닥 또는 2지유날(二指揉捏), 골간의 모지유날(母指揉捏).

　㉢ 모지구(母指球), 소지구가 붙은 근의 모지 압박법(母指圧迫法).

　㉣ ㉠과 같은 경찰법.

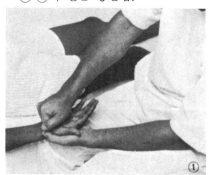
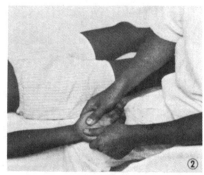

▶ 손바닥

① 손바닥의 지과 경찰법 (指髁軽
擦法) ② 골간의 모지 유날법 ③
모지구 (母指球) 의 모지 압박 (母
指圧迫)

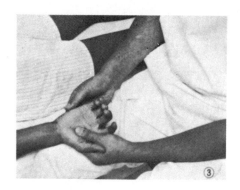

● 손 관절 (関節)

자세와 위치 손과 상대의 위치는 배와위 (背臥位) 나 좌위 (坐位), 실시
하는 사람은 마주 향하여 선다.

① 손 관절 앞면과 뒷면의 수장 경찰법.

② 관절선에 따라 환상 경찰법.

③ 관절 주위의 모지 강찰법.

④ 주위의 힘줄에 대한 건 이동술.

⑤ ①과 같은 경찰법.

⑥ 손 관절의 운동법.

- 배굴 (背屈), 장굴 (掌屈), 요굴 (엄지 손가락 쪽으로 구부림), 척굴 (새
  끼 손가락 쪽으로 구부림).
- 회전법 (回転法)……손목을 안쪽에서 또는 밖에서 회전시킨다.
- 신전법 (伸展法)……실시하는 사람은 상대의 손을 잡아 강하게 끌어
  당긴다.

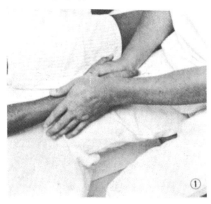

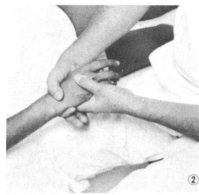

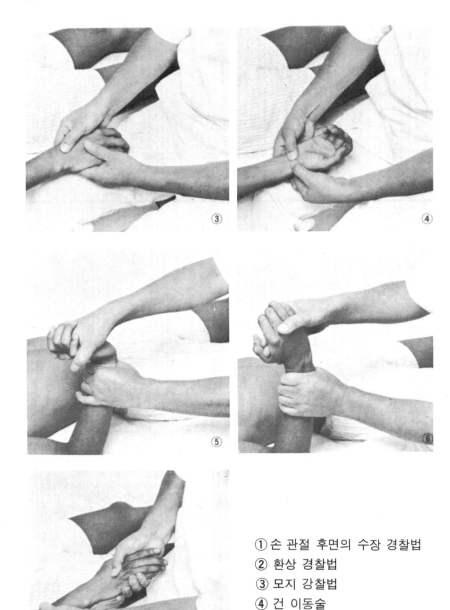

① 손 관절 후면의 수장 경찰법
② 환상 경찰법
③ 모지 강찰법
④ 건 이동술
⑤ 손목의 배굴
⑥ 요굴 (橈屈)
⑦ 신전법 (伸展法)

● 전완부(前腕部)

자세와 위치 상대는 배와위(背臥位) 또는 좌위(座位), 실시하는 사람은
그 앞에.

❶──전측 근군(前側筋群)

손목에서 밖쪽으로 상과(上髁)로 향하는 경로(経路)

  ㉠ 수장 경찰법(手掌軽擦法).

  ㉡ 간헐 압박법(間歇圧迫法).

  ㉢ 수장 유날법(手掌揉捏法).

  ㉣ 거상 유날법(鋸状揉捏法).

  ㉤ ㉠과 같은 수장 경찰(手掌軽擦).

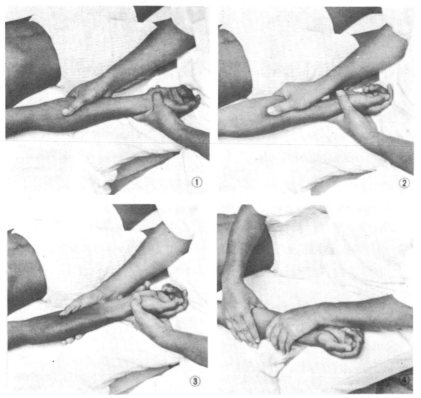

▲전완(前腕)의 전측(前側)　①수장 경찰법(手掌軽擦法)　②간헐 압박법
(間歇圧迫法)　③수장 유날법(手掌揉捏法)　④톱(鋸)

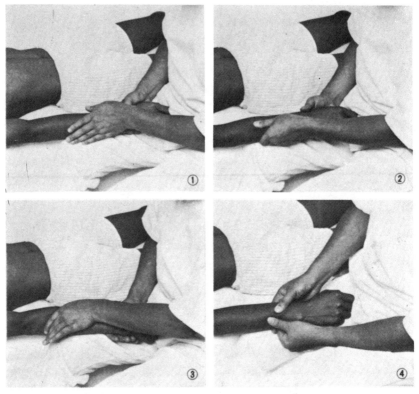

▲전완(前腕)의 후측(後側) ① 수장 경찰법(手掌輕擦法) ②간헐 압박법(間歇圧迫法) ③수장 유날법(手掌揉捏法) ④양 엄지 유날법

❷——후측 근군(後側筋群)

손목에서 안쪽 상과(上髁)로 향하는 경로(経路)

㉠ 수장 경찰법(手掌輕擦法).

㉡ 간헐 압박법(間歇圧迫法).

㉢ 수장 유날법(手掌揉捏法).

㉣ 양모지 유날법(両母指揉捏法).

㉤ ㉠과 같은 경찰법(輕擦法).

❸——외측 근군(外側筋群)

완요 골근(腕橈骨筋)의 경로에 따라

㉠ 2지(二指) 또는 수장 경찰법(手掌輕擦法).

ⓝ 2지(二指) 또는 수장의 간헐 압박법(間歇圧迫法).

ⓒ 2지(二指) 또는 수장 유날법(手掌揉捏法).

ⓡ ㉠과 마찬가지 경찰법.

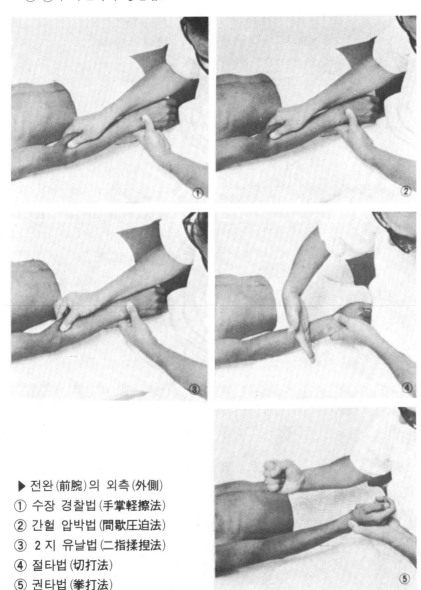

▶ 전완(前腕)의 외측(外側)

① 수장 경찰법(手掌軽擦法)

② 간헐 압박법(間歇圧迫法)

③ 2지 유날법(二指揉捏法)

④ 절타법(切打法)

⑤ 권타법(拳打法)

❹── 전완 전부(前腕全部)의 고타법(叩打法)

앞쪽, 뒷쪽, 밖쪽에 각각 가볍게 치고 잘라치고, 환상 고타(양손 동시에 엄지와 인지를 벌려, 전완을 환상으로 끼우듯이 고타한다).

❺── 손 관절과 팔꿈치 관절의 운동법

ㄱ 팔꿈치의 굴신(屈伸).

ㄴ 손 관절의 굴신(屈伸).

● 팔꿈치 관절

자세와 위치 상대 사람은 좌위, 실시하는 사람은 상대의 앞의 밖쪽에 위치한다.

① 팔꿈치 관절의 앞쪽, 뒷쪽, 안쪽, 밖쪽의 수장 경찰법(手掌輕擦法).

② 상대의 손바닥은 앞으로 향하여 두고, 실시하는 사람은 양손의 4 손가락 머리를 상대의 팔꿈치 머리의 양쪽에, 엄지는 팔꿈치 관절 전면의 움푹 패인 곳에 대고 좌, 우로 교호하며 파악유날(把握揉捏)한다.

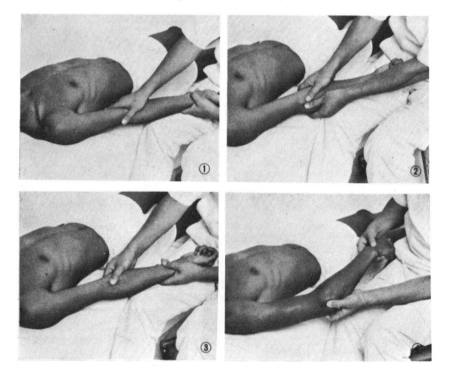

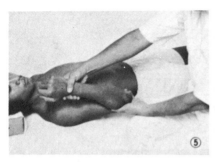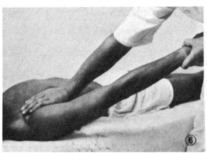

▲팔꿈치 관절 ① 수장경찰법(앞쪽) ② 좌우 교호의 수장유날법 ③ 모지강찰법(母指強擦法) ④ 모지압박법(母指圧迫法) ⑤ 팔꿈치의 굴곡법(屈曲法) ⑥ 팔꿈치의 신전법(伸展法)

③ 팔꿈치 관절 전면의 움푹 패인 곳에서 관절선을 따라 모지 강찰법.

④ 앞쪽, 안쪽, 밖쪽의 힘줄에 대하여, 힘줄의 강찰법.

⑤ ①과 같은 경찰법.

⑥ 때로 팔꿈치 전면의 움푹 패인 곳의 중앙, 밖쪽, 안쪽의 3곳에 압박을 가하는 경우도 있다.

⑦ 팔꿈치 관절의 운동법.

　팔꿈치 굴신(屈伸), 회내(回內), 회외(回外).

⑧ 신전법(伸展法).

　실시하는 사람은 한쪽 손을 상대의 겨드랑이에 대고, 또 한쪽 손으로 상대의 손목을 잡고, 팔꿈치 관절을 끌어 당겨 편다.

● 상완부(上腕部)

자세와 위치 상대는 좌위, 실시하는 사람은 그 앞의 옆에 위치한다.

❶──전측 근군(前側筋群)

팔꿈치 전면 움푹 패인 곳에서 상완 이두근(二頭筋)의 경로에 따라 어깨 아래까지.

　㉠ 상완 이두근(上腕二頭筋)의 경로에 따라 수장 경찰법.

　㉡ 간헐 압박법(間歇圧迫法).

　㉢ 수장 유날법(手掌揉捏法).

　㉣ 거상 유날법(鋸状揉捏法).

　㉤ ㉠과 같은 경찰법.

❷──후측 근군(後側筋群)

팔꿈치 머리에서 상완 삼두근(上腕三頭筋), 어깨 뒤의 아래 부분까지.

㉠ 수장 경찰법(手掌輕擦法).

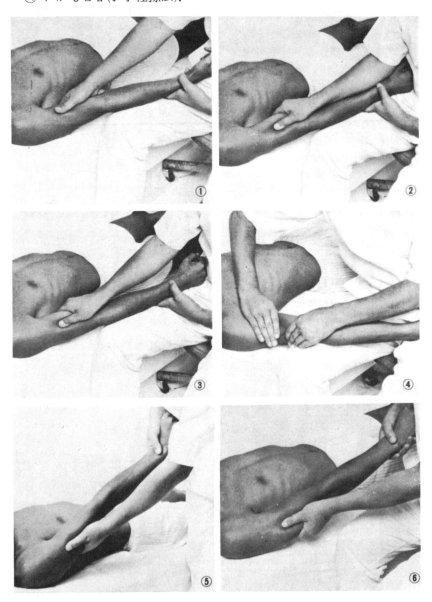

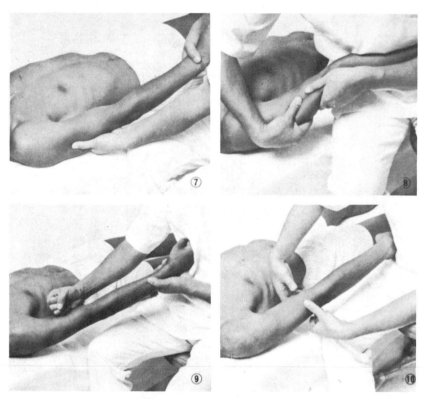

▲상완부 ① 상완 앞쪽의 수장경찰법 ② 간헐압박법 ③ 수장유날법 ④ 거
상유날법 ⑤ 상완 뒷쪽의 수장경찰법 ⑥ 간헐압박법 ⑦ 수장유날법 ⑧ 거
상유날법 ⑨ 권타법 ⑩ 환상고타법(環狀叩打法)

ⓛ 간헐 압박법(間歇压迫法).

ⓒ 수장 유날법(手掌揉捏法).

ⓡ 톱(鋸).

ⓜ ㈀과 같은 경찰법.

❸──상완 전체의 고타법(叩打法)

상완 전체에 권타(拳打), 절타(切打), 환상 고타(叩打) 등을 실시한다.

❹──신전법(伸展法)

깊이 팔꿈치를 구부려 상완 삼두근을 신장. 반대로 팔꿈치를 충분히 신전시켜 상완 이두근을 신전한다.

● 어깨 관절

자세와 위치 상대는 좌위, 실시하는 사람은 그 옆에 있는다.

❶ ── 삼각근 부(三角筋部)

㉠ 삼각근 부에는 어깨 봉우리를 넘어 어깨 위까지 수장 경찰법.

㉡ 삼각근의 수장 유날법.

　삼각근이 매우 클 때는 전반부와 후반부로 나누어 실시한다.

㉢ 삼각근 전연(前緣), 후연(後緣)의 모지 유날법.

㉣ ㉠과 같은 경찰법.

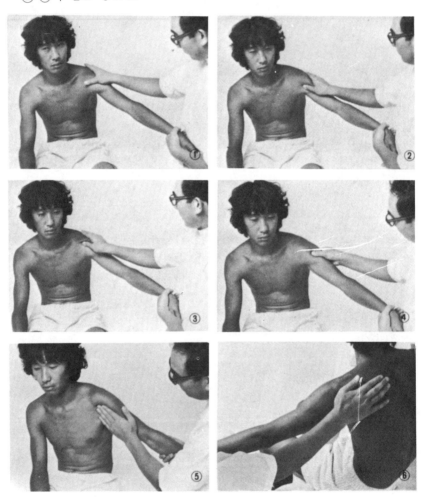

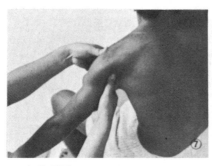
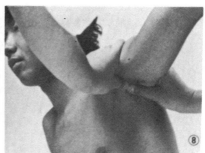

▲어깨 관절

① 삼각근 부 수장 경찰법 ② 수장 유날법(전반부) ③ 수장 유날법(후 반
부) ④ 전연의 모지 압박법 ⑤ 앞쪽의 사지 유날법 ⑥ 뒷쪽의 수근 유날
법 ⑦ 어깨 관절선을 따라 모지 강찰법 ⑧ 겨드랑이 부분의 모지 유날법

❷── 전측부(前側部)

삼각근 부에서 전흉부에 걸쳐 어깨관절 전면의 수장 경찰, 사지 또는 수
근 유날법.

❸── 후측부(後側部)

㉠ 삼각근 부에서 어깨 아래에 걸쳐 수장 경찰, 사지 또는 수근 유날법.

㉡ 어깨 관절선에 따라 강찰법.

㉢ 겨드랑이 부분의 모지 강찰, 모지 유날법.

㉣ 어깨 관절 전체의 수장 경찰법.

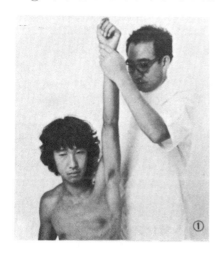
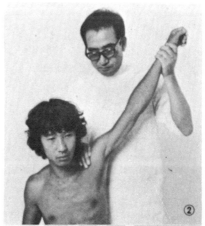

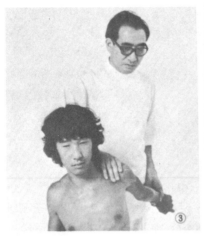

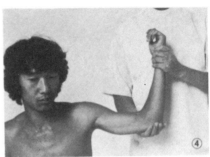

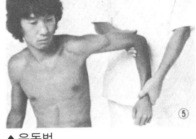

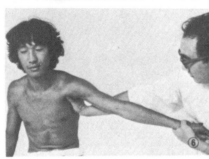

▲운동법

① 앞에서 만세   ④ 외선

② 옆에서 만세   ⑤ 내선

③ 뒤로 올림   ⑥ 신전법

㉥ 운동법

- 상지(上肢)를 앞에서 또는 옆에서 위로 만세하듯이 올림(전방거상, 측방 거상).

- 내선과 외선……팔꿈치를 옆으로 펴, 직각으로 구부려 전완을 위로 세웠다, 아래로 내렸다 한다.

- 신전법……실시하는 사람은 한손을 겨드랑이에 대고, 또 한쪽 손으로 손목을 잡고 어깨 관절을 신전한다.

● 하지(下肢)의 맛사지

● 족부(足部)

자세와 위치 상대는 배와위나 장좌위(발과 무릎을 펴고 앉음), 실시하는 사람은 상대의 발쪽에 향하도록 위치를 잡음.

❶──발가락

수기는 손가락의 수기(手技)와 같다. 다만, 발가락은 짧기 때문에 손가락 보다 실시하기가 까다롭다.

❷──발등

　㉠ 발등 전체의 수장 경찰, 중족골간에 대한 모지 경찰법.

　㉡ 골간 나란히　신근건 위의 모지 강찰,　모지　유날법,　건 이동술.

　㉢ ㉠과 같은 경찰법.

❸──발바닥

　㉠ 발바닥 전체의 지과 경찰법.

　㉡ 엄지 유날,　수근 유날법.

　㉢ 엄지 압박법.

　㉣ 수거 타법.

　㉤ ㉠과 같은 경찰법.

❹──운동법(運動法)

　발가락의 굴신(屈伸).

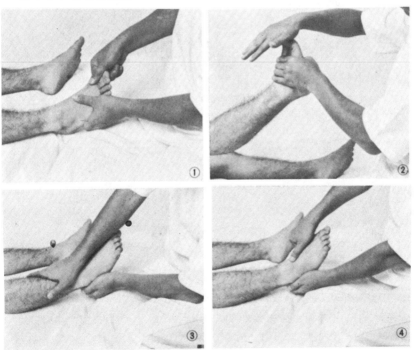

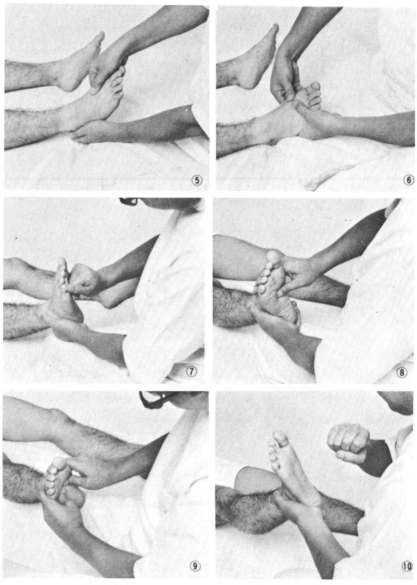

① 발가락의 이중 유날법 ② 발가락의 배굴 ③ 발등의 수장 경찰법 ④
발등의 엄지 경찰법 ⑤ 발등의 엄지 유날법 ⑥ 건 이동술 ⑦ 발바닥의 지
과 경찰법 ⑧ 엄지 유날법 ⑨ 양 엄지 압박법 ⑩ 발바닥의 수장 타법

● 발 관절

자세와 위치 발 부분과 마찬가지 자세와 위치.

① 발 관절 전면의 수장 경찰법.

② 발 관절선에 따라 소지구에 의한 환상 경찰법.

③ ②의 부위의 강찰법, 건 이동술.

④ 아킬레스건이 붙은 근의 양쪽에 강찰법.

⑤ ①, ②와 같은 경찰법.

⑥ 운동법.

   ● 배굴, 저굴, 내반(발 부분 안쪽으로 돌려서), 외반(마찬가지로 외부로 돌린다).

   ● 회전법……발부분을 들어 밖으로 돌리고, 안으로 돌리며 회전한다.

   ● 신전법……실시하는 사람은 양손으로 상대의 발을 안과 밖에서 끼우듯이 하여 들고 강하게 아래로 당긴다.

● 하퇴부(下腿部)

자세와 위치 상대는 배와위(背臥位) 또는 복와위(엎드림), 실시하는 사람은 상대의 머리쪽을 향하여 위치한다.

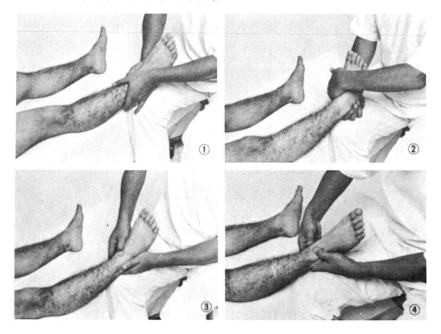

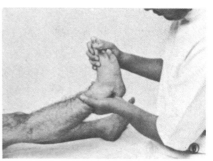

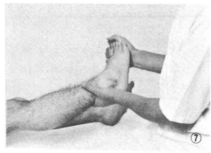

① 수장 경찰법
② 소지구에 의한 환상 경찰법
③ 모지 강찰법
④ 건 이동술
⑤ 아킬레스건의 강찰법
⑥ 족배굴 (운동법)
⑦ 회전법 (운동법)

❶ ── 전측 근군 (前側筋群)
　발 관절 전면보다 무릎 관절 전면으로 향하도록 한다.

❷ ── 후측 근군 (後側筋群)
　뒷꿈치에서 장딴지를 무릎 관절 뒷면으로 향하도록 한다.
　㉠ 수장 경찰법.
　㉡ 간헐 압박법.
　㉢ 수장유날, 거상 유날법.
　㉣ ㉠과 같은 경찰법.
　㉤ 엄지 압박 또는 파악 압박법.
　이 부분은 자주 경련을 일으킨다. 그러한 때에는 엄지　압박이나 손바닥 전체로 장딴지를 쥐고 힘을 가하면 좋다.

❸ ── 외측 근군 (外側筋群)
　㉠ 2지 경찰법.
　㉡ 2지 유날,　2지 간헐 압박법.
　㉢ ㉠과 같은 경찰법.

❹ ── 하퇴 (下腿) 전체의 고타법 (叩打法)

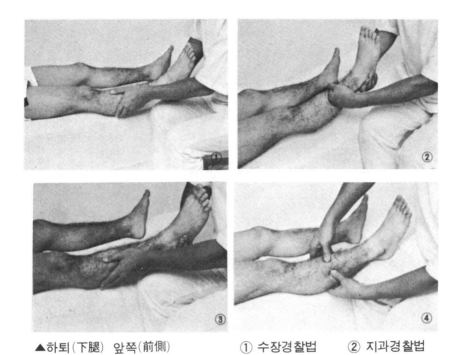

▲하퇴(下腿) 앞쪽(前側)

① 수장경찰법　② 지과경찰법
③ 수장유날법　④ 양모지유날법

수거타, 절타, 환상 고타(環狀叩打).

❺── 신전법(伸展法)

㉠ 비복근(腓腹筋)의 신전법(伸展法)

상대는 무릎을 편 채 발목을 강하게 배굴하도록 한다. 실시하는 사람
은 한손으로 무릎을 구부러지지 않도록 하면서, 또 한손으로는 전완
부에 상대의 발바닥 부분이 닿도록 하여, 지레를 이용하듯이 신장한
다.

㉡ 전경골근의 신전법

발목을 강하게 발바닥을 향하여 눌러 내린다.

● 무릎 관절

자세와 위치 상대는 배와위 또는 복와위, 실시하는 사람은 상대의
옆에 위치하며 하퇴의 아래를 받친다.

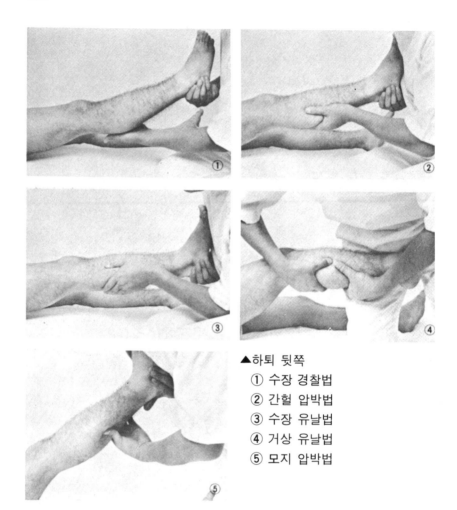

▲하퇴 뒷쪽
　① 수장 경찰법
　② 간헐 압박법
　③ 수장 유날법
　④ 거상 유날법
　⑤ 모지 압박법

❶── 전면
　㉠ 앞쪽의 수장 경찰법.
　㉡ 무릎 뼈를 위·아래에서 관절선을 따라 뒤로 환상 경찰법.
　㉢ 무릎 주변에서 내·외 양쪽에 모지 강찰법.
　㉣ 무릎 뼈를 상하·좌우로 이동시킨다.
　㉤ ㉠과 같은 경찰법.
❷── 후면 (後面)
　㉠ 무릎의 움푹 들어간 곳의 수장 경찰법.

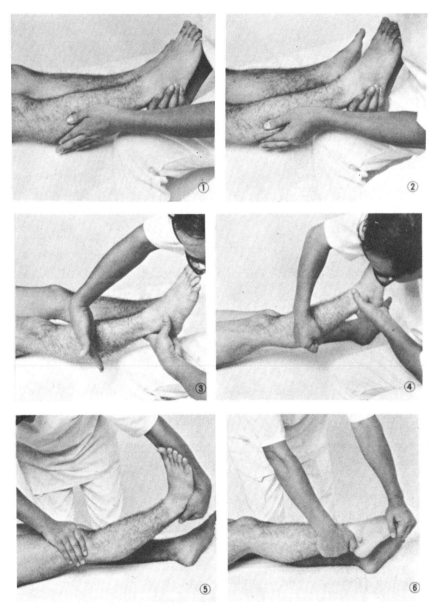

▲하퇴 밖쪽　① 수장 경찰법　② 2지 유날법　③ 절타법　④ 수장 타법
운동법　⑤ 발등 굽히기　⑥ 발바닥 굽히기

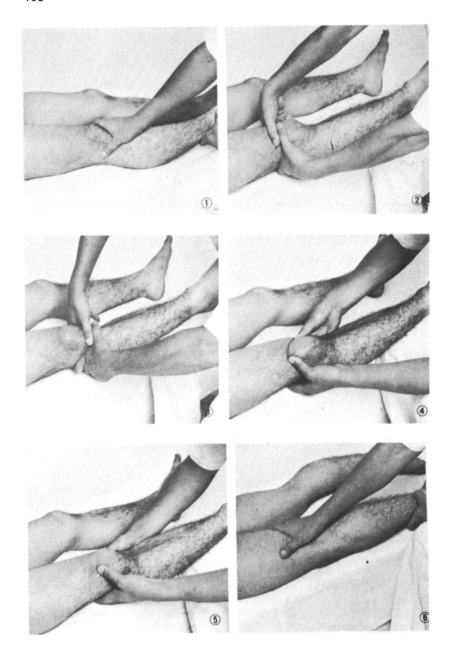

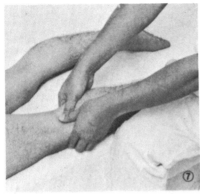

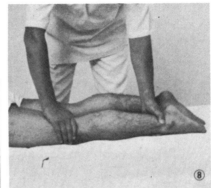

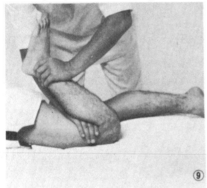

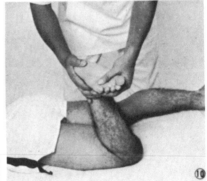

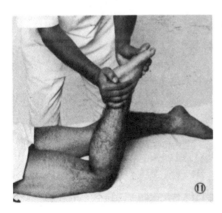

▲무릎 관절 전면
　① 수장 경찰법
　② 환상 경찰법(무릎 뼈의 위)
　③ 환상 경찰법(무릎 뼈의 아래)
　④ 모지 강찰법
　⑤ 무릎 뼈의 이동법
무릎 관절 뒷면
　⑥ 수장 경찰법　⑦ 무릎의 움푹
패인 중앙의 엄지 압박법
　무릎 관절의 운동법
　⑧ ⑨굴신　⑩ 외선　⑪ 내선

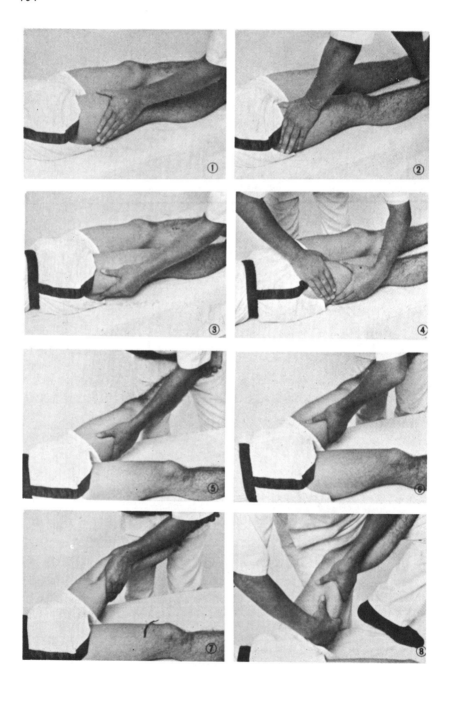

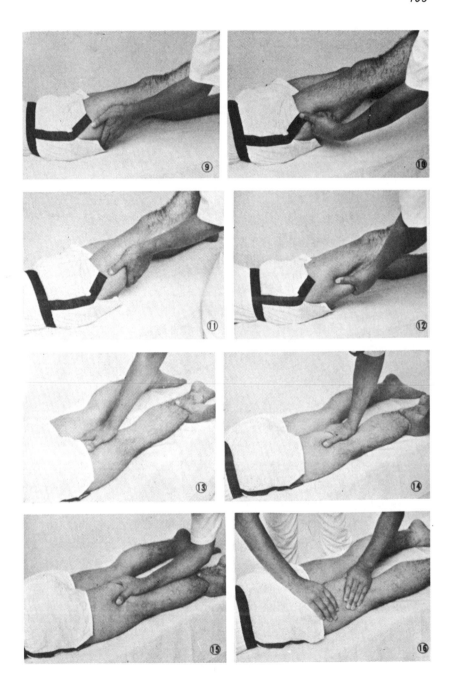

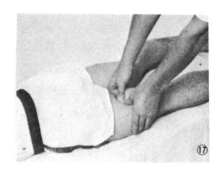

대퇴 앞쪽
① 수장 경찰법
② 간헐 압박법
③ 수장 유날법

대퇴 안쪽
④ 거상 유날법
⑤ 수장 경찰법
⑥ 간헐 압박법
⑦ 수장 유날법
⑧ 거상 유날법

대퇴 밖쪽
⑨ 수장 경찰법
⑩ 지과 경찰법
⑪ 수장 유날법
⑫ 모지 압박법

대퇴 뒷쪽
⑬ 수장 경찰법
⑭ 간헐 압박법
⑮ 수장 유날법
⑯ 거상 유날법
⑰ 양 모지 압박법

ⓛ 같은 부위의 모지 강찰, 모지 유날(특히 힘줄 부분에 중점).

ⓒ 무릎의 움푹 패인 중앙부의 모지 압박법.

❸── 운동법(運動法)

㉠ 무릎의 굴신.

ⓛ 무릎을 직각으로 구부리고, 발을 안쪽·밖쪽으로 돌린다 (회전법으로 십자 인대(靭帶)를 조정한다).

● 대퇴부(大腿部)

자세와 위치 상대는 배와위 또는 복와위, 실시하는 사람은 그 옆에 상대의 머리쪽을 향하여 위치한다.

❶── 전측 근군(前側筋群)

경골 위에서 위 전장골극(前腸骨棘)으로 향한다.

㉠ 수장 경찰법.

ⓛ 간헐 압박법.

ⓒ 수장 유날법, 거상 유날법.

ⓔ ㉠과 같은 경찰법.

❷── 안쪽 근군(內側筋群)

무릎 관절 안쪽에서 치골와(恥骨窩)로 향한다.

㉠ 수장 경찰법.

ⓛ 간헐 압박법.

ⓒ 수장 유날, 거상 유날법.

ⓔ ㉠과 같은 경찰법.

❸── 밖쪽 근군(外側筋群)

무릎 관절 안쪽에서 대전자(大転子)로 향한다.

▶ 절타법

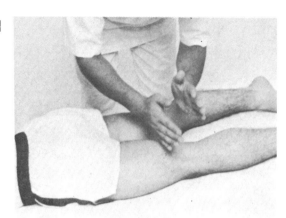

◀ 소지구 회전

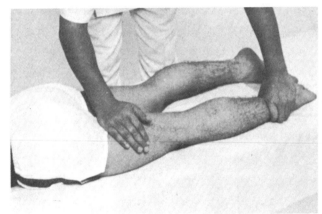

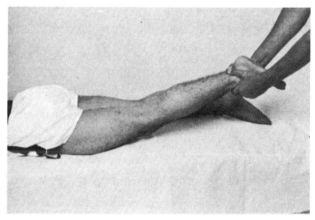

▶ 아래 허벅다리
　전체 흔들기법

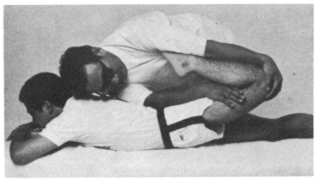

◀ 대퇴 사두근의
신전법

▶ 대퇴 뒷쪽 근육
의 신전법

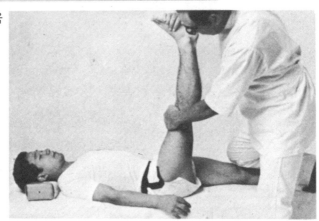

　㉠ 수장 경찰, 지과 경찰법.
　㉡ 간헐 압박법.
　㉢ 수장 유날 또는 근유날법.
　㉣ 밖쪽의 모지 또는 수근 압박법.

❹──── 뒷쪽 근군

　무릎의 움푹 패인 곳에서 좌골결절로 향한다. 안쪽과 밖쪽으로 나누어
실시한다.

　㉠ 수장 경찰법.
　㉡ 간헐 압박법.
　㉢ 수장 유날, 거상 유날법.
　㉣ 대퇴 뒷쪽 중앙의 경로의 모지 압박법.
　㉤ ㉠과 같은 경찰법.

❺── 대퇴 전체의 고타법, 진법(흔드는법), 수거타, 절타, 환상 고타, 소지구 회전.

❻── 신전법 (伸展法)

㉠ 대퇴 사두근 신전법

상대는 복와위로, 실시하는 사람은 한손을 상대의 선골부에 대고 아래로 누르고, 또 한손으로 발목을 쥐고 둔부에 뒷꿈치가 붙을 정도로 무릎을 깊게 구부린다.

㉡ 내전근(内転筋)의 신전법 (伸展法)

무릎을 편 채, 배와위(背臥位)가 되도록 하며, 하지를 크게 밖으로 벌리고(외전), 이 때 상대의 골반이 움직이지 않도록 고정한다.

㉢ 뒷쪽 근군의 신전법

배와위로 무릎을 편 채, 넓적다리 관절을 구부려, 발을 위로 들어 올린다.

● 넓적다리 관절

자세와 위치 상대는 배와위 또는 복와위로, 조금 다리를 밖으로 벌린다. 실시자는 그 측면에 위치한다. 넓적다리 관절은 주위가 많은 큰 근육에 쌓여있기 때문에, 관절에 직접 자극을 주는 것은 어렵다. 서혜부를 중심으로 행하도록 한다.

❶── 넓적다리 관절 주위의 수장 경찰법

❷── 서혜부의 모지 강찰법

❸── 서혜부 중앙 (큰 동맥이 손에 스치는 부위)의 모지 압박법

❹── 넓적다리 관절 주위의 근육, 특히 대퇴 직근, 내전 근군, 둔근(臀筋), 장골근의 수장 유날, 수근 유날, 모지 압박법

❺── ❶과 같은 경찰법

❻── 운동법

㉠ 넓적다리 관절의 굴신(屈伸)

배와위에서, 실시하는 사람은 상대의 무릎 아래와 뒤꿈치를 들어 무릎이 구부려지고, 펴지는 것에 맞추어 넓적다리 관절의 구부림, 펴짐을 실시한다.

㉡ 내외전(内外転)

배와위에서, 무릎을 편 채 발을 밖으로 벌렸다, 오무렸다 한다. 그 때에 골반이 움직이지 않도록 고정한다. 또는 무릎을 세워 그대로 밖

으로, 안으로 쓰러지듯이 실시해도 좋다.

ⓒ 내외선(內外旋)

넓적다리 관절과 무릎 관절을 직각으로 구부려 두고, 발을 밖으로 수평하게 돌린다―내선, 안쪽으로 돌린다 ―외선.

ⓔ 신전, 교정법(伸展, 矯正法)

넓적다리 굴곡쪽이 단단해지는 일이 많다. 굴근의 신전법은, 상대를 배와위가 되도록 하고, 반대쪽의 하지를 무릎이 가슴에 닿을 정도로 깊이 구부린다. 신전시키려고 하는 하지는, 가능하면 하퇴부를 대의 끝에서 아래로 늘어뜨려 둔다. 실시하는 사람은 한손으로 반대쪽의 무릎이 가슴에 닿도록 하며, 또 한손으로, 신전 시키려고 하는 쪽의 무릎을 아래로 펴지도록 하면서 넓적다리 관절 굴절을 신전한다.

넓적다리 관절

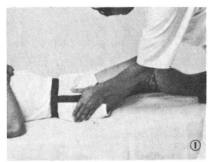

① 밖쪽의 수장 경찰법

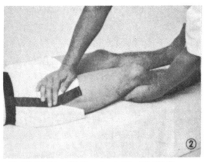

② 앞쪽(소혜부)의 수장 경찰법

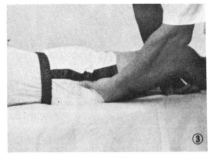

③ 밖쪽의 모지 유날법

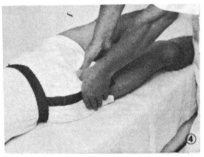

④ 소혜부의 양 모지 압박법

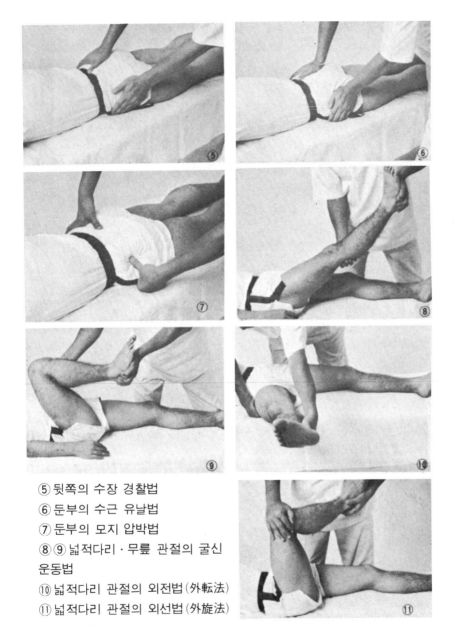

⑤ 뒷쪽의 수장 경찰법
⑥ 둔부의 수근 유날법
⑦ 둔부의 모지 압박법
⑧⑨ 넓적다리·무릎 관절의 굴신
운동법
⑩ 넓적다리 관절의 외전법(外轉法)
⑪ 넓적다리 관절의 외선법(外旋法)

● 둔부(臀部)
자세와 위치　상대는 복와위, 실시하는 사람은 그 옆에 위치한다.

❶ —— 대전자(大転子)에서 장골능(腸骨稜 : 요골)으로 향하여 수장 경찰법.

❷ —— 둔구(臀溝) (대퇴 상부 엉덩이의 주름)에서 선골부(仙骨部)를 거쳐 장골능(腸骨稜)으로 향하여 수장 유날법.

❸ —— 둔근(대, 중, 소둔근)의 수장, 또는 수근 사지 유날법.

❹ —— 대전자의 위, 앞, 뒤의 모지 압박법.

❺ —— 선골쪽 가장자리의 모지 압박법.

❻ —— 장골능 중앙의 조금 하부(2 ~ 3 cm 하부)의 모지 압박법.

❼ —— ❶❷와 같은 경찰법.

❽ —— 둔근 전체의 고타법(수거타, 축기타).

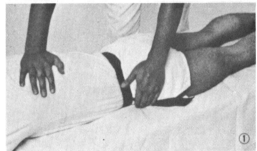

① 수장 경찰법

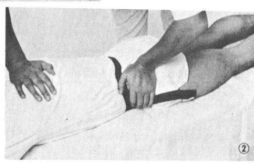

② 수근 유날법

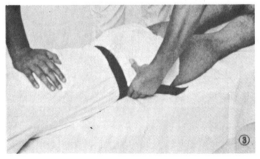

③ 모지 압박법

● 체간부(体幹部)의 맛사지

●목 부분

자세와 위치 상대는 좌위 또는 복와위(腹臥位).

❶ —— 뒷 목 부분

㉠ 뒷 머리 부분에서 뒷 목 부분을 거쳐 목이 붙어 있는 근으로 향하는 수장 경찰법.그 때 실시하는 사람은 한손으로 상대의 이마를 머리가 움직이지 않도록 누른다.

㉡ 경추쪽의 승모근의 모지 유날, 4지 유날법.

㉢ 귀 뒤 머리카락이 난 옆을 따라 모지 압박(내, 중, 외의 3점).

㉣ ㉠과 같은 경찰법.

❷ —— 측경부(側經部)

귀의 뒤의 유상 돌기의 부분에서, 측경부를 내리고 흉골위 가장자리로 향하여……흉쇄유돌근, 사각근.

㉠ 흉쇄 유돌근의 2지 경찰법.

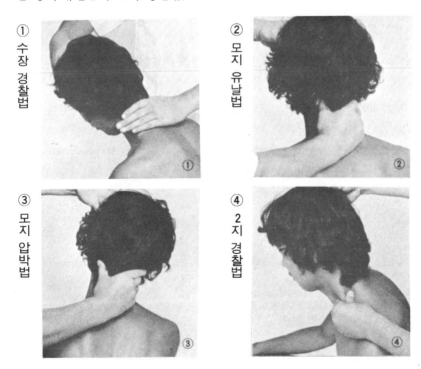

① 수장 경찰법

② 모지 유날법

③ 모지 압박법

④ 2지 경찰법

⑤
4
지
유
날
법

⑥
절
타
법

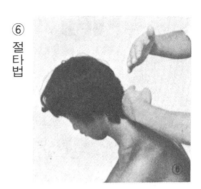

ⓛ 2지 유날 또는 4지유날, 때로는 간헐 압박법.

ⓒ ㉠과 같은 경찰법.

❸ ── 목의 고타법(수거타, 절타)

❹ ── 목의 운동법

㉠ 목을 전, 후, 좌,우로구부린다.

ⓛ 얼굴을 좌, 우로 돌린다.

ⓒ 흉쇄 유돌근(胸鎖乳突筋)의 신전법(伸展法).

상대의 목을 오른쪽으로 쓰러뜨리면서 얼굴은 반대의 왼쪽으로 향하
도록 하면, 왼쪽의 흉쇄 유돌근이 신장하게 된다.

● **견배부 (肩背部)**

자세와 위치 상대는 좌위, 실시하는 사람은 그 뒤에 위치한다.

❶ ── 승모근부(僧帽筋部)

㉠ 목의 근(筋)에서 어깨 상부를 거쳐 어깨 끝으로 향하는 수장 경찰, 모
지 유날, 거상 유날, 모지 압박법.

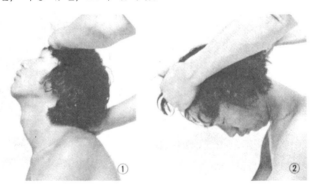

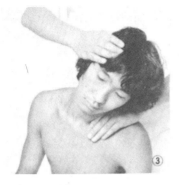
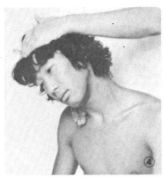
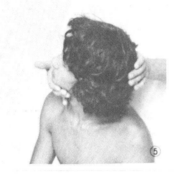

◀목의 운동법
① 뒤로 구부린다
② 앞으로 구부린다
③ 왼쪽 옆으로 구부린다
④ 오른쪽 옆으로 구부린다
⑤ 흉쇄 유돌근 신전법

ⓛ 제 1 ~ 6 흉추에서 어깨 봉으로 향하는 수장 경찰, 수근 유날 또는
4지 유날, 극하부(어깨 뒤의 제방상의 융기 아래)의 모지 압박, 수
장 경찰법.

ⓒ 제12 흉추, 늑골(肋骨) 하부에서 어깨 봉우리로 향하는 수장 경찰, 수
장 유날. 4지 또는 수근 유날법

❷ ── 선극근부(仙棘筋部)
㉠ 좌우 동시에 목의 뿌리에서 요부로 향하여, 척추를 따라 수장 경찰
법.

ⓛ 선극근을 목 뿌리에서 제12 흉추의 높이까지 수근유날, 모지 유날법.

ⓒ 같은 부위의 모지 압박법.

㉣ ㉠과 같은 수장 경찰법.

❸ ── 견배부 전체의 고타법.
수거타, 절타, 축기타, 소지구 회전 등

❹ ── 견배부 운동법

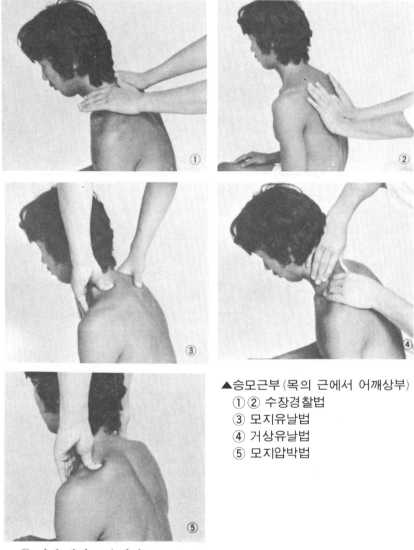

▲승모근부 (목의 근에서 어깨상부)
① ② 수장경찰법
③ 모지유날법
④ 거상유날법
⑤ 모지압박법

㉠ 어깨 내리고 올리기.
㉡ 어깨 돌리기(앞 돌리기, 뒤 돌리기).
㉢ 상지의 거상(앞에서 만세 하듯이, 옆으로 만세하듯이).
㉣ 상대의 양손을 목의 뒤로 모으고, 팔꿈치를 앞으로 내 찌르거나 옆으로 당기거나 한다.

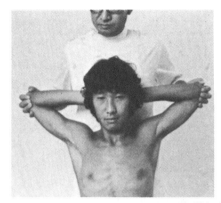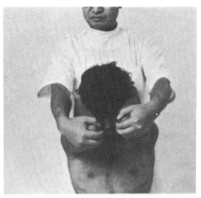

견배부의 운동법

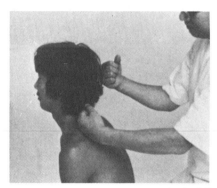

수거타법

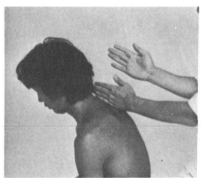

절타법

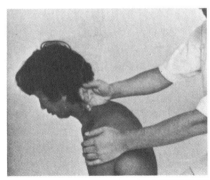

소지구회전

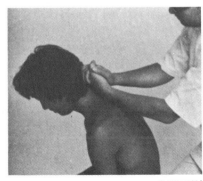

축기타법

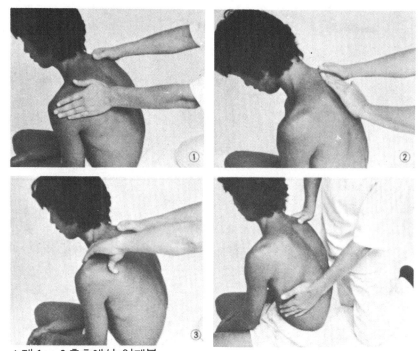

▲ 제 1 ~ 6 흉추에서 어깨봉
① 수장경찰법   ② 수근유날법
③ 극하부의 모지 압박

▲ 제 2 중추에서 어깨봉 수장유날법

ⓜ 양손을 등에 붙이고 가슴을 뒤로 젖히면서 구부러진 자세로 편다.

ⓗ 실시하는 사람이 상대의 뒤에 서서, 상대의 양 손목을 잡고 머리 위로 올려 강하게 위로 편다. 이때 실시하는 사람은 양무릎 머리를 상대의 등에 댄다. 상지, 어깨, 척추를 잘 편다.

ⓢ 양손을 서로 반대쪽의 어깨에 닿도록 팔을 만들어, 그대로 실시하는 사람은 어깨를 받쳐, 몸을 좌, 우로 회선한다.

ⓞ 앞과 같은 자세에서 실시하는 사람은 양 무릎 머리를 상대의 등 가운데에 대고, 그것을 지레로 이용하여 상대를 뒤로 빼어 젖히도록 한다.

● 배요부(背腰部)

자세와 위치 상대는 복와위, 실시하는 사람은 그 옆에 위치한다.

❶——배부(견갑골의 아래 정도)에서 둔부로 향하여 척추를 따라 수장 경

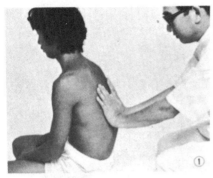
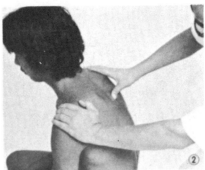

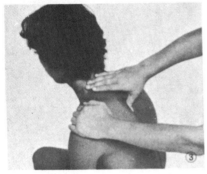

▲선극근부
 ① 선극절부의 수장경찰법
 ② 모지유날법
 ③ 모지압박법

찰, 수근 유날, 모지 유날, 모지 압박법.

❷ ── 요추부(腰椎部)에서 측복부(側腹部)까지 장골능을 따라 소지구 경
   찰(요방형근), 모지 유날, 모지 압박법.

❸ ── 광배근부(요추 하부에서 늑골 하부를 통과하여 어깨 끝으로 향하
   는)의 수장 경찰, 수근 또는 수장 유날법.

❹ ── 배요부 전체의 고타법
   수거타, 절타, 축기타(縮氣打), 소지구 회전 등.

❺ ── 운동법(運動法)
   ㉠ 윌리엄즈의 체조.
   ㉡ 상대의 양손을 허리에 대고 좌·우로, 전·후로 구부린다. 또 좌·우
     로 비튼다. 막대기를 양손으로 허리부근에서 쥐게 하여 같은 것을 시
     켜도 좋다.
   ㉢ 늑목이나 무엇인가를 잡고 서서 허리를 강하게 뒤로 잡아 당기거나,
     배를 마음껏 앞으로 내밀거나 하는 운동은 요추와 골반의 조정을 기하
     는데 좋다 (재크나이프 운동).

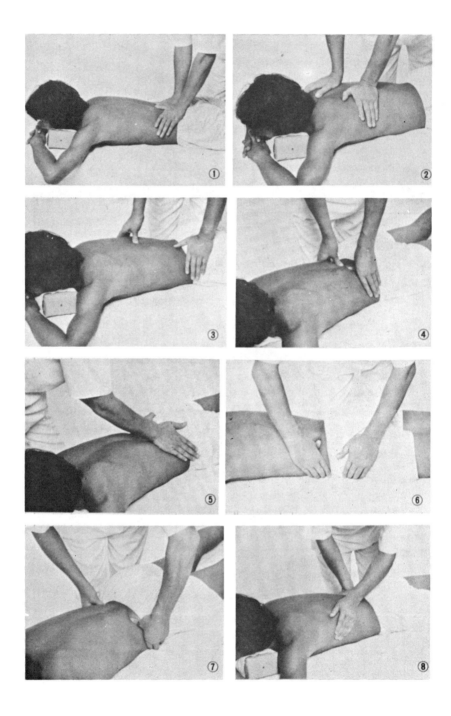

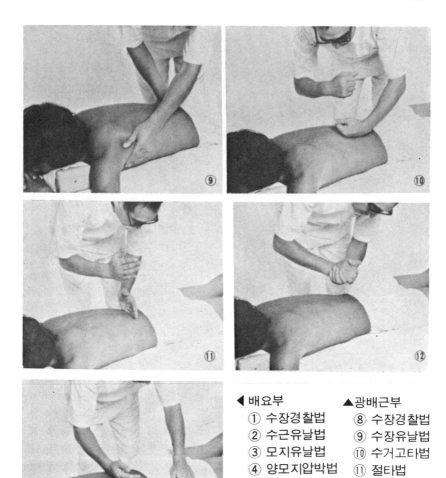

◀ 배요부
　① 수장경찰법
　② 수근유날법
　③ 모지유날법
　④ 양모지압박법
◀ 측복부
　⑤ 소지구경찰법
　⑥ 모지유날법
　⑦ 모지 압박법

▲광배근부
　⑧ 수장경찰법
　⑨ 수장유날법
　⑩ 수거고타법
　⑪ 절타법
　⑫ 축기타법
　⑬ 소지구회전

● 흉부(胸部)

자세와 위치　상대는 배와위(背臥位), 실시하는 사람은 그 옆에 위치한다.

❶──대퇴근부의(2개로 나누어 실시한다. 하나는 쇄골 하부 안쪽에서, 또 하나는 흉골 가장 자리에서 각각 밖 겨드랑이 부분에서 어깨 앞

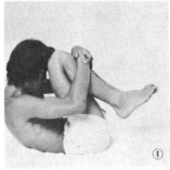 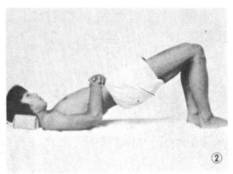

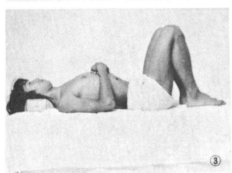

▲윌리엄즈의 체조
① 허리의 최대 신전
② 골반의 컨트롤
③ 배를 앞으로 내민다

으로 향하여) 수장 경찰, 4지 유날법.

❷ —— 대퇴근 밖 가장자리의 수장 경찰, 4지 유날법.

❸ —— 늑간근(肋間筋) (상대를 옆으로 하여, 윗쪽 손은 손등이 허리에 붙
도록 뒤로 돌린다). 상대의 늑간을 따라, 실시하는 사람의 손가락
머리를 늑간에 찔러 넣듯이 하여 겨드랑이 가장자리에서 전방(흉골가

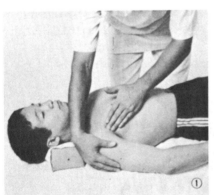 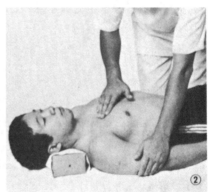

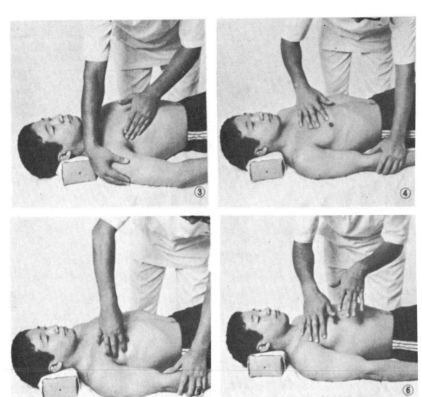

▲흉부　　　① 흉부의 수장경찰법　　② 사지유날법
　　　　　　③ 대흉근 사지유날법　　④ 늑간 사지두경찰법
　　　　　　⑤ 지두유날법　　　　　⑥ 지두고타법

　장자리)으로, 후방(척추)으로 향하여, 4지두경찰, 지두 유날, 지두
압박 흔들기를 실시한다.

❹ —— 흉부 전체의 고타법(지두 고타 등).

❺ —— 운동법

　㉠ 깊은 흉식 호흡.

　㉡ 상지의 운동.

특히 어깨의 안쪽 부분 돌리기, 바깥쪽 돌리기.

● 복부(腹部)

자세와 위치　상대는 배와위로 양 무릎을 세우고, 복부의 힘을 뺀다.

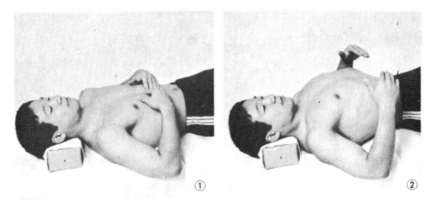

▲흉식 호흡
① 양손을 배에 대고, 크게 숨을 내쉰다
② 손을 떼고 크게 숨을 들이 마신다

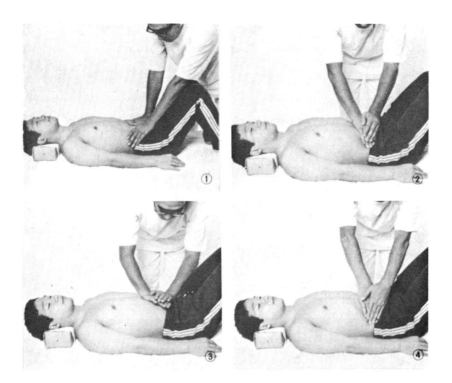

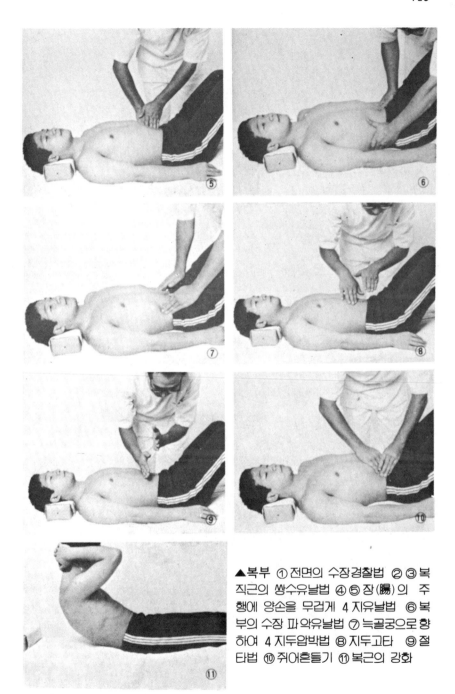

▲복부 ① 전면의 수장경찰법 ② ③ 복
직근의 쌍수유날법 ④ ⑤ 장(腸)의 주
행에 양손을 무겁게 4 지유날법 ⑥ 복
부의 수장 파악유날법 ⑦ 늑골궁으로 향
하여 4 지두압박법 ⑧ 지두고타 ⑨ 절
타법 ⑩ 쥐어흔들기 ⑪ 복근의 강화

실시하는 사람은 옆쪽에서 위치한다.

❶── 복부의 전면, 측면의 전체적인 수장 경찰법.

❷── 복직근(腹直筋)의 쌍수 유날법(双手 揉揑法). 사진과 같이 양손을 겹쳐 피부에 대고, 배를 젖는 듯한 형세로 앞뒤로 유날한다.

❸── 배꼽을 중심으로 장의 주행을 따라 4 지유날법을 실시한다. (방사선 상으로 넓게 해 간다).

❹── 측복부를 오른쪽은 아래에서 위로, 왼쪽은 위에서 아래로 향하여 손바닥으로 크게 쥐고 파악 유날법.

❺── 심와부(心窩部; 명치)에서 늑골궁(肋骨弓)을 따라 측복부까지 수장 경찰, 4 지두 압박법.

❻── 복부 전신의 고타법(지두고타).

❼── 파악 흔들기.
복벽을 양손으로 크게 잡고, 어느 정도의 압력을 가하면서 살살 흔든다.

❽── ❶과 같은 경찰법.

❾── 운동법
배와위에서 양손을 머리 뒤로 모으고, 상체를 일으킨다 (복벽의 강화).

제4장
종목별 맛사지법

스포츠 맛사지는 누구라도 손쉽게 할 수 있고, 효과적이어야 한다. 맛사지의 '전문 치료사(專門治療師)' 만이 행하는 것이 아니라, 스포츠 관계자가 맛사지의 전문 지식은 없지만 서로 손쉽게 행하거나(상호 맛사지), 자기 자신이 실시하거나(셀프 맛사지) 하는 것이 필요하다.

손쉽게, 요령있게 효과적인 스포츠 맛사지를 실시하기 위해서는, 각각 전문 경기의 특징을 잘 이해하여, 주로 어느 관절을 중심(주동작 관절)으로 하여 움직이고, 어느 근육이 중요한가(주동작근)를 미리 알아 둘 필요가 있다.

경기의 기본이 되는 형은 육상에서는 달리는 것(주기), 도약하는 것(도기), 던지는 것(투기)의 3가지이고, 수상에서는 '헤엄치기'이다.

또, 각각의 종목에서 일어나기 쉬운 장해(스포츠 장해)를 미리 알아 두는 것도 중요하다.

●육상 경기(陸上競技)

육상 경기는 크게 나누면 트랙과 필드의 2종류로, 거기에 주기(단거리, 중·장거리, 허들), 도기(높이 뛰기, 장대 높이 뛰기, 넓이 뛰기), 투기

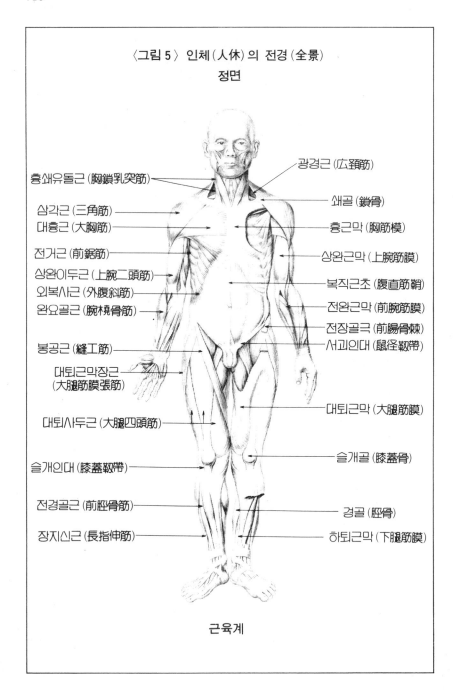

〈그림 5〉 인체(人休)의 전경(全景)

정면

흉쇄유돌근(胸鎖乳突筋)

삼각근(三角筋)

대흉근(大胸筋)

전거근(前鋸筋)

상완이두근(上腕二頭筋)

외복사근(外腹斜筋)

완요골근(腕橈骨筋)

봉공근(縫工筋)

대퇴근막장근
(大腿筋膜張筋)

대퇴사두근(大腿四頭筋)

슬개인대(膝蓋靭帶)

전경골근(前脛骨筋)

장지신근(長指伸筋)

광경근(広頸筋)

쇄골(鎖骨)

흉근막(胸筋模)

상완근막(上腕筋膜)

복직근초(腹直筋鞘)

전완근막(前腕筋膜)

전장골극(前腸骨棘)

서괴인대(鼠径靭帯)

대퇴근막(大腿筋膜)

슬개골(膝蓋骨)

경골(脛骨)

하퇴근막(下腿筋膜)

근육계

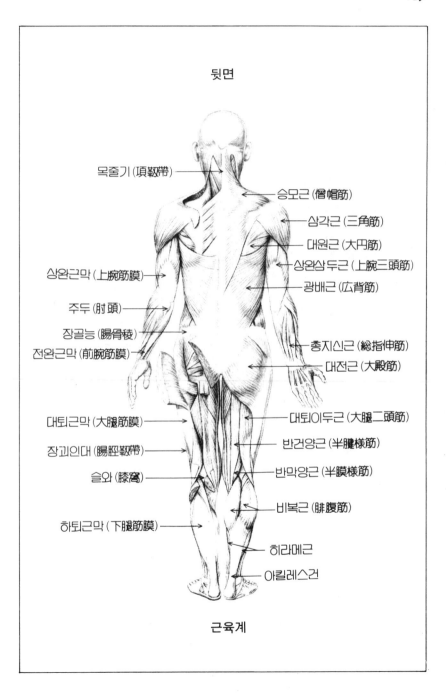

뒷면

목줄기(項靱帶)

승모근(僧帽筋)

삼각근(三角筋)

대원근(大円筋)

상완삼두근(上腕三頭筋)

광배근(広背筋)

상완근막(上腕筋膜)

주두(肘頭)

장골능(腸骨稜)

전완근막(前腕筋膜)

총지신근(総指伸筋)

대전근(大殿筋)

대퇴근막(大腿筋膜)

대퇴이두근(大腿二頭筋)

반건양근(半腱樣筋)

장괴인대(腸脛靱帶)

반막양근(半膜樣筋)

슬와(膝窩)

비복근(腓腹筋)

하퇴근막(下腿筋膜)

히라메근

아킬레스건

근육계

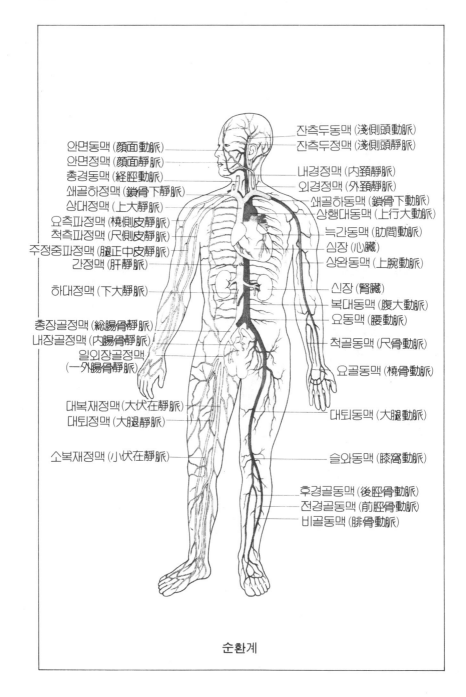

안면동맥 (顔面動脈)
안면정맥 (顔面靜脈)
총경동맥 (経脛動脈)
쇄골하정맥 (鎖骨下靜脈)
상대정맥 (上大靜脈)
요측파정맥 (橈側皮靜脈)
척측파정맥 (尺側皮靜脈)
주정중파정맥 (腿正中皮靜脈)
간정맥 (肝靜脈)
하대정맥 (下大靜脈)
총장골정맥 (総腸骨靜脈)
내장골정맥 (内腸骨靜脈)
일외장골정맥 (一外腸骨靜脈)
대복재정맥 (大伏在靜脈)
대퇴정맥 (大腿靜脈)
소복재정맥 (小伏在靜脈)

잔측두동맥 (淺側頭動脈)
잔측두정맥 (淺側頭靜脈)
내경정맥 (内頚靜脈)
외경정맥 (外頚靜脈)
쇄골하동맥 (鎖骨下動脈)
상행대동맥 (上行大動脈)
늑간동맥 (肋間動脈)
심장 (心臓)
상완동맥 (上腕動脈)
신장 (腎臓)
복대동맥 (腹大動脈)
요동맥 (腰動脈)
척골동맥 (尺骨動脈)
요골동맥 (橈骨動脈)
대퇴동맥 (大腿動脈)
슬와동맥 (膝窩動脈)
후경골동맥 (後脛骨動脈)
전경골동맥 (前脛骨動脈)
비골동맥 (腓骨動脈)

순환계

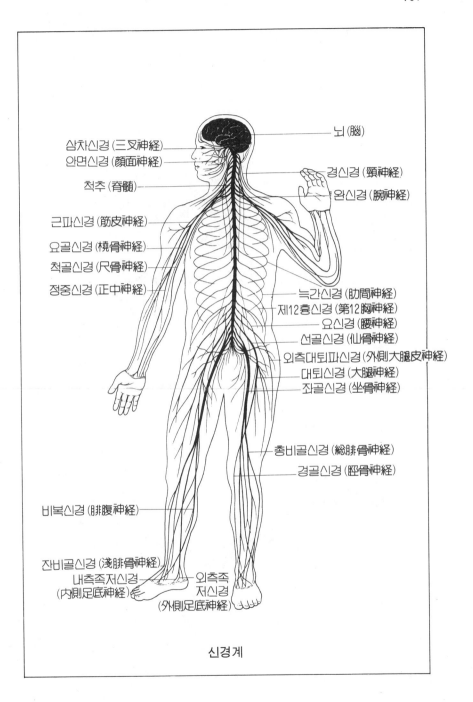

신경계

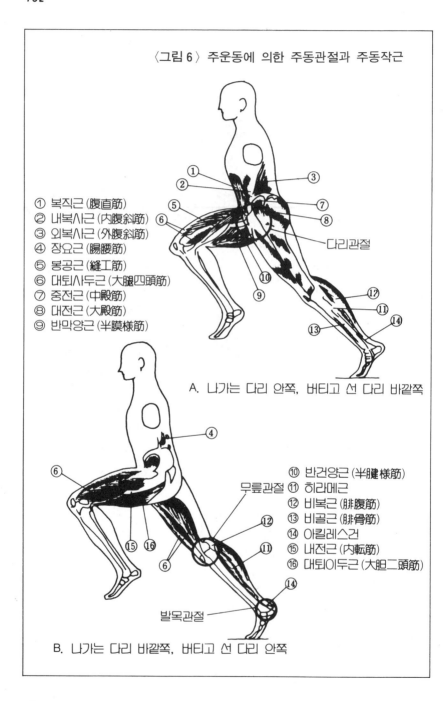

〈그림 6〉 주운동에 의한 주동관절과 주동작근

① 복직근(腹直筋)
② 내복사근(内腹斜筋)
③ 외복사근(外腹斜筋)
④ 장요근(腸腰筋)
⑤ 봉공근(縫工筋)
⑥ 대퇴사두근(大腿四頭筋)
⑦ 중전근(中殿筋)
⑧ 대전근(大殿筋)
⑨ 반막양근(半膜樣筋)

다리관절

A. 나가는 다리 안쪽, 버티고 선 다리 바깥쪽

무릎관절
발목관절

⑩ 반건양근(半腱樣筋)
⑪ 히라메근
⑫ 비복근(腓腹筋)
⑬ 비골근(腓骨筋)
⑭ 아킬레스건
⑮ 내전근(内転筋)
⑯ 대퇴이두근(大胆二頭筋)

B. 나가는 다리 바깥쪽, 버티고 선 다리 안쪽

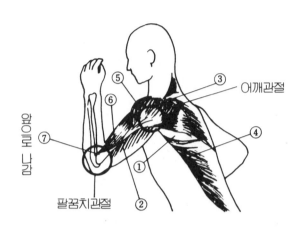

앞으로 나감

어깨관절

팔꿈치관절

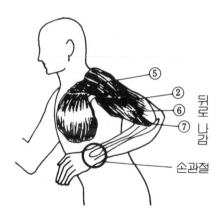

뒤로 나감

손관절

① 대원근(大円筋) ② 상완삼두근(上腕三頭筋)) ③ 승모근(僧帽筋)
④ 광배근(広背筋) ⑤ 삼각근(三角筋) ⑥ 상완이두근(上腕二頭筋)
⑦ 상완근(上腕筋)

(해머 던지기, 창 던지기, 원반 던지기)의 3가지 형으로 나뉘어진다.

어느 종목에 있어서나 강한 체력과 내구력, 빠른 스피드,관절의 유연성, 스타트 때의 순발력, 충실한 정신력이 모두 요구되어 진다. 그 때문에 끊임 없는 연습과 체력을 만들기 위하여 기초 트레이닝을 하는 것이다. 스포츠 맛사지는 이들의 요소를 보다 빨리 끌어 내고, 감각—운동이 종합되어진 최대 능력을 발휘할 수 있는 준비 수단이 되며, 또, 경기에 의한 급성 근육 피로를 회복시키고, 스포츠 장해의 예방에도 공헌하고 있는 것이다.

경기 전에 실시되는 스포츠 맛사지는, 흥분하기 쉬운 기분을 침착하게 진정시키는데 큰 역활을 한다.

뛰어난 스포츠맨이 되기 위해서는 어렸을 때부터 기본적인 체력을 만드는 것과, 그 경기에 적합한 몸, 또는 그것을 견디어 낼 수 있는 신체 제기관의 강력한 요소를 배양하지 않으면 안된다.

균형과 조화를 갖춘 신체를 만들기 위해서는, 전신 운동과 적합한 맛사지가 꼭 필요한 것이다.

● 주기 (走技)와 맛사지

주기는 전신 각 부분을 균등하게 사용하는,조화를 필요로 하는 경기 종목이다. 발이 강하다고 해서 빨리 달릴 수 있다고는 단정지어 말할 수 없다.

좋은 자세로 달리기 위해서는 허리를 비롯하여 체간의 밸런스가 중요하고, 잘 달리기 위해서는 막대기가 앞으로 똑바로 쓰러지듯이 척추와 하지가 똑바로 앞으로 쓰러지는 듯한 자세가 요구되고, 또 능숙한 손 흔들기로 프로펠러와도 같은 역활을 하여 스피드를 증가시키는 것이다.

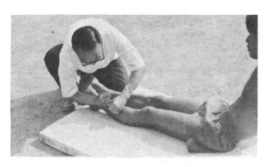

◀발의 나른함에 대한 수거
타법 (경기전)

〔주 동작 관절(主動作関節)과 주 동작(主動作) 근육〕

어느 종목이나 대부분 전신 운동이지만, 그 중에서도 각 종목에 있어서 중점적으로 자주 사용하는 관절(주 동작 관절)과, 근육(주 동작 근육)이 있다. 이 주 동작 관절과 주 동작 근육을 잘 이해하는 것이 스포츠 맛사지의 효과를 좌우하는 포인트이다.

육상 경기 전반에 공통되는 주 동작 관절은 넓적다리 관절, 무릎 관절, 발관절 등, 하지의 각 관절과 어깨 관절이고, 주 동작 근육은 항중근이라고 일컬어지는 둔근(대, 중, 소), 대퇴사두근, 비복근(腓腹筋), 히라메근 등이고, 그 외 무릎의 굴근(대퇴 이두근, 반건, 반막양근) 등도 중요하다. 또 스타트에서의 주 동작 근육은 대퇴 내전근이 중요시 된다.

상지에서는 어깨의 굴신 운동에 의한 근육, 즉 대흉근, 삼각근, 광배근, 승모근 등이다.

좋은 자세를 만들기 위해서는 복부를 끌어 당기고, 유연한 허리를 유지해야 한다. 그래서 자주 '단거리는 배로 달려라' 등의 말을 한다. 배가 앞으로 툭튀어 나와 있어서는 곤란하다. 그렇게 되지 않기 위해서는 복부의 근력을 강하게 하는 훈련이 필요하다.

❶── 단거리(短距離)

단거리 선수에는 중육 중배(中肉中背)의 근육질의 체격인 사람이 많다.

좋은 성적을 올리기 위해서는 ①좋은 스타트, ②팔 흔들기, ③체간(体幹)에서 하지(下肢)의 밸런스 3가지가 특히 중요하고, 이 체력 요소를 분석해 보면, 스피드, 바아, 근지구력, 릴렉션, 좋은 리듬 등이 된다.

앞에서도 서술했듯이 '단거리는 배로 달려라'라는 말이 있을 정도로 체간과 하지의 밸런스가 중요하여, 마치 하나의 막대기가 앞으로 쓰러져 가듯이 체간과 하지와는 똑바로 앞으로 기울어지면서 달리는 것과, 거기에 스피드의 가속을 붙이기 위하여, 재빨리 리드미컬하게 프로펠러 같이 팔을 흔드는 것이 중요하다.

좋은 스타트를 하기 위해서는 특히 비복근, 대퇴 내전근, 엄지의 내측근의 순발력과 시간적인 타이밍이 중요하다. 이를 위해서는 스타트 전의 극도의 긴장은 금물이고, 어느 정도 근육을 릴렉스시켜 둘 필요가 있다. 너무 지나치게 굳어지지 않는 것이 좋다.

〔일어나기 쉬운 장해〕

단거리 달리기에서 일어나기 쉬운 장해는 근육 또는 근 섬유가 급격히 수

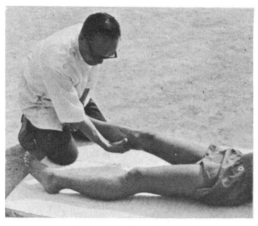

◀단거리 선수 비복부의
맛사지

축되어 끊어지는 것, 아킬레스건의 통증, 편평족통, 발 관절 염좌, 그 외
(무릎 관절 손상, 요통, 비골 골절) 등이 있다.

근육이 급격히 수축하여 끊어지는 경우는 안쪽 대퇴 굴근, 아킬레스 건
의 단열이 많다. 달리는 선수에게는 비교적 편평족이 많고, 그 때문에 발
부분 특히 발바닥의 장심이 자주 아픈 경우가 있다.

〔맛사지의 포인트〕

① 스피드, 순발력, 지구력을 키우기 위해서는, 특히 하지의 주 동작근
인 비복근, 히라메근, 대퇴 사두근, 대퇴 뒤쪽 근군에 대하여, 경기 전
의 단시간의 셀프 맛사지가 바람직하다.

② 능숙한 팔 흔들기를 행하여 한층 스피드를 올리기 위해서는, 경기 전

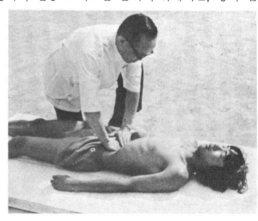

▶복근의 맛사지 호흡의
조정법

에 삼각근, 대퇴근, 광배근, 승모근 등에 단 시간의 셀프 맛사지를 실시한다.

①, ② 모두 수장 경찰과 가벼운 리드미컬한 수장 유날 등을 중심으로 실시한다. 그러나 전에 근육의 끊어짐 등의 장해가 있어서 과도하게 근육이 긴장되어 있거나, 발 부분의 통증이 남아 있을 때는, 가벼운 모지 압박이나, 근육을 손바닥으로 쥐듯이 압박하면 진정된다.

③ 좋은 자세(배를 집어 넣고 하나의 막대기가 앞으로 쓰러지는 듯한 자세)를 만들기 위해서는, 복근의 맛사지가 중요하다. 특히 경기 전에 복부의 맛사지를 실시하여, 부드러운 복부를 긴장시키고, 또 호흡을 조절하여, 위장 등 소화기의 기능을 조정하는 것도 중요하다.

④ 경기 후는 같은 동료끼리 가볍게 맛사지 하는 것도 좋다. 특히 피로한 근육이나, 관절에 대한 처치를 충분히 하고, 입욕, 유유자적한 마음으로 전신 맛사지를 실시한다. 합숙 등에서 동료 선수가 서로 실시하는 것도 좋고, 때로는 스포츠 맛사지의 기술을 몸에 익힌 전문 맛사지사의 치료를 받는 것도 권하고 싶다.

❷ ── 중·장거리(中·長距離)

일반적으로 중·장거리 선수는 마른형으로 긴 다리를 갖고 있고, 전체적으로 단단한 체격이 많다.

중·장거리에서 이기기 위해서는 뭐니뭐니해도 강한 끈기와 강한 정신력

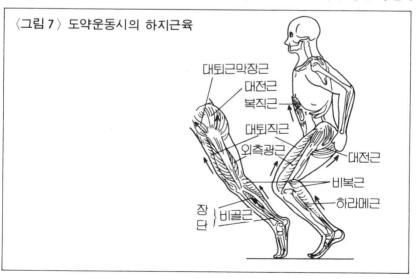

〈그림 7〉 도약운동시의 하지근육

대퇴근막장근
대전근
복직근
대퇴직근
외측광근
대전근
비복근
하라메근
장단 비골근

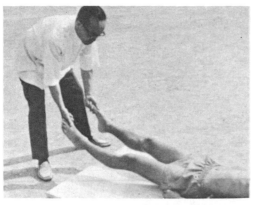

◀ 도기의 경기 중의 맛사 지(하지의 신전법)

◀장대 높이 뛰기의 경기 전 맛사지(상지의 신전법)

이 필요하다. 그러기에 어떤 체육인은 '신에게 의존하지 않고, 의존해야 할 것은 단지 자신 뿐이다'라고 했다. 믿고 의지해야 할 것은 자신 이외에는 없다는 것을 강조한 것이다.

체력 요소로써는 심폐의 지구력, 릴렉션, 리듬의 3가지 요소가 특히 중요하다.

단거리에 비하여, 스피드나 개인 개인의 근력을 문제시하기 보다는, 어떻게 하면, 산소의 섭취 능력을 효율있게 하며, 쓸데 없는 것을 제거한 좋은 주법을 몸에 익힐 수 있을까 하는 것에 포인트를 두어야 한다.

[일어나기 쉬운 장해]

중·장거리 달리기에서 일어나기 쉬운 장해는 편평족통, 무릎 관절통, 발 관절 염좌, 그 외(아킬레스건통, 피로성 경골염, 비복근 경련) 등이다.

〔맛사지의 포인트〕

중·장거리에 맞는 선수의 신체는, 장기에 걸친 트레이닝과 체력 만들기이다. 맛사지는 그런 의미에서 보조적인 역활을 한다.

요컨대, 전체적으로 조화를 이룬 군살 없는 날씬한 형의 체격을 만드는 것이다.

강한 심장, 폐활량의 증대와 산소 섭취 능력의 증대를 기하는 것과 함께, 흉부나 복부의 맛사지에 의해, 위장의 기능을 항상 조절하는 것이다. 자주 장거리 주자에게는 위장이 약한 선수가 많다고 말하는데, 이 점을 명심해 두어야 할 것이다.

① 경기 전은 국부적인 맛사지보다는 동료 선수끼리 서로 맛사지하는, 전신을 가볍게 실시하는 편이 좋다. 특히 복부와 배요부에 중점을 두고 실시하도록 한다.

② 경기 중은 자주 비복근 등의 심한 피로 때문에, 경련이 일어나는 경우가 있다. 그러한 때는, 주로 셀프 서비스로 발바닥에서 비복근에 걸쳐 강한 파악유날, 압박법, 발 관절, 무릎 관절의 맛사지와 신전법, 회전법 등을 실시한다.

③ 경기 후는 전신 피로의 회복과 릴렉스가 주된 목적으로, 입욕 후의 전신 맛사지와 장해 부위의 처치가 필요하다. 다만 장거리 경기는 단거리 경기에 비하여, 비교적 국부적인 외상이 적다.

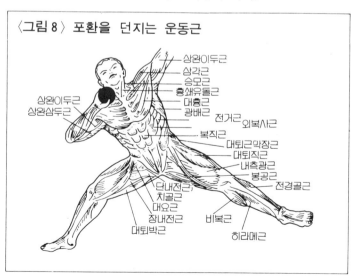

〈그림 8〉 포환을 던지는 운동근

● 도기 (跳技)와 맛사지

도기 (跳技)도 하지를 중심으로 한 전신 운동인데, 가장 중요한 것은 하지의 순간적인 도약력이다. 거기에 허리의 콘트롤과 상지의 흔들림이 더해진다. 이 3가지의 요소가 조화되었을 때 가장 좋은 성적을 올릴 수 있다. 도기에는 넓이 뛰기, 높이 뛰기, 장대 높이뛰기, 3단 뛰기 등의 종목이 있다.

주 동작 관절은 발 관절, 무릎 관절, 넓적다리 관절 등이고, 주 동작 근육은 대전근, 대퇴근 막장근, 대퇴 사두근, 비복근, 히라메근, 장비골근(킥과 도약), 복근과 요근, 배근(특히 공중 동작), 삼각근, 승모근(팔의 흔들어 올림) 등이다.

❶ —— 달려 넓이 뛰기

달려 넓이 뛰기 선수에는 마른 형의 장신 선수가 많다.

달려 넓이 뛰기는 조주(助走)로 얻은 스피드를 이용하여 힘껏 땅을 박차고 어떻게 위로 도약하는가가 중요하다. 좋은 도약을 위해서는 도약의 스피드와 차는 힘이 갖추어져야 한다.

도약과 착지 때는 발, 무릎에 특히 강한 쇽크를 주어 발 관절, 아킬레스건, 대퇴 사두근에 장해를 일으키기 쉽다.

❷ —— 달려 높이 뛰기

달려 높이 뛰기 선수도 마른 형의 장신의 선수가 많다.

조주(助走)로 얻은 수평 방향의 스피드를 밟아 디뎌 수직 방향으로 전환하여, 신체 중심을 위로 올리고, 유효한 클리어런스로 어떻게 높은 바아를 넘는가를 겨루는 종목이다.

짧은 조주로 밟아 디딤은 순간적으로 강하고 재빠르게, 팔을 흔들어 올리고, 다리를 충분하게 들어 올리고, 허리를 비틀어 보다 높이 바아를 넘어 착지한다.

달려 넓이 뛰기에 비하여, 허리의 비틈과 상지의 흔들어 넣는 동작이 필요하기 때문에, 선극근군을 중심으로 한 배근, 요근이 중요하다. 또 골반의 콘트롤을 얻기 위하여 복근, 요방형근의 근력이 필요하다.

❸ —— 장대 높이 뛰기

장대 높이 뛰기에서는, 어떻게 잘 장대를 수직으로 세우는가가 승리의 열쇠로, 장대를 세우는 최대의 원동력은 조주, 스피드로, 발을 땅에 디뎠을 때의 차는 힘이 아니다. 봉을 들고 땅에 찔러 꽂을 때에 팔에 가하는 쇼크의 완충 작용이 중요하다. 장대를 잘 세웠으면 다음은 팔을 펴서 신체를 끌어당겨 올려, 몸을 비트는 타이밍을 포착하면 좋다.

장대 높이 뛰기는, 앞에서 서술했듯이 전신의 모든 관절과 근육이 움직이는데, 특히 상지의 현수력과 신전력, 허리의 비틈이 중요하다. 달려 넓이 뛰기나 달려 높이 뛰기 보다도 어깨의 제근(삼각근 외), 승모근, 전거근, 대흉근, 광배근을 사용하고, 게다가 상완 삼두근이 강하게 움직인다. 그 외 체간기립근,요근, 복근 등의 협력도 중요하다.

❹── 삼단 뛰기

조주로 점차 스피드를 증가하여, 힘있게 땅을 디디고 홉, 스텝, 점프와 도약으로 착지한다. 항상 한쪽 발에 전신의 무게가 걸리기 때문에, 하지에 큰 쇼크를 주어, 무릎 관절이나 발 관절의 힘줄이나 인대를 다치기 쉽다.

좋은 기록을 내기 위해서는 고무공과 같이 신체를 튕겨, 훌륭한 킥력과 도약력, 그것을 앞에서 펴는 타이밍, 재치가 요구된다.

[일어나기 쉬운 장해]

도기에서 일어나기 쉬운 장해는, 발관절 염좌, 근육의 끊어짐, 무릎 관절 장해(피로성 관절염, 무릎 골절), 비골 골절, 거골 골절,요통이다.

[맛사지의 포인트]

도기에 필요한 체력 요소는 순발력, 유연성, 재치성, 근력이고, 물론 개인 경기의 고독에 이길 수 있는 강한 정신력을 키우는 것도 중요하다.

① 경기 전은 도기에 특히 중요한 하지의 주 동작 근(비복근, 히라메근, 전근 등)의 조정을 위한 국소 맛사지(가벼운 경찰, 유날)를 하고, 상완 삼두근, 어깨의 제근, 배요근의 맛사지를 실시한다.

② 경기 중 몇 번이나 넘는 순번을 기다리는 시간은, 그 주 동작 근의 급성 피로나 과도 긴장을 제거하기 위한 맛사지를 실시한다. 그 후, 식지 않도록 보안에 주의하고, 타올이나 얇은 모포로 몸을 권포하는 것이 좋다.

③ 경기 직후는 경련 등이 일어나지 않도록, 특히 긴장되어 있는 근육에 신장법이나, 가벼운 압박, 주 동작 관절의 회전법 등을 실시하여 장해가 남지 않도록 해야 한다.

그 뒤, 입욕으로, 유유한 마음으로 전신의 맛사지를 실시하면 좋다.

● 투기 (投技)와 맛사지

던지는 것은 상지와, 허리를 중심으로 하는 전신 운동으로, 다리와 상체, 특히 허리에서 척추를 감는 근육, 어깨에서 팔의 강한 근육의 힘과 협력, 게다가 신체의 총합되어진 활동에 의해 비로소 완성된다. 하지에서 운동이 개시되면, 허리의 비틈, 상지의 신전, 손목의 스냅과 다음 동작의 이동이 행하여져 최후의 던져지는 물건이 손에서 떨어져 투척 동작이 완성된다.

투척에 가장 요구되는 것은 힘과 기술로, 이 종목의 선수는 체중도 많이 나가고 튼튼한 체격의 소유자로, 강한 힘을 민첩하게 발휘할 수 있는 사람이 아니면 안된다.

투척에는 투포환, 원반 던지기, 해머 던지기, 창 던지기 등의 종목이 있다.

주 동작 관절은 어깨 관절, 팔꿈치 관절, 손가락 관절 등이고, 주 동작 근육은 상완 삼두근, 상완 이두근, 전완 회내근, 손가락의 신근군, 승모근, 삼각근, 대흉근, 복근과 요근, 대퇴사두근 등이다.

던지려고 할 때는, 우선 하지를 신전하여 고정하고, 던질 준비를 한 다음, 그 힘의 여파가 허리의 비틈, 어깨의 신전, 내전, 상지의 신전으로 연속적으로 움직여 간다.

투척으로 제일 무리가 가는 곳은 팔꿈치와 허리이고, 장해도 여기에 일어나기 쉽다.

투척의 종목 중에서, 가장 힘이 많이 드는 것은 투포환이며, 또 힘에 의한 것에 못지 않게 기술도 요구되는 것은 원반 던지기이다.

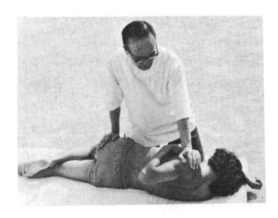

◀투기 경기후 맛사지
요추의 마니플레이션

▶대흉근의 파악유날법

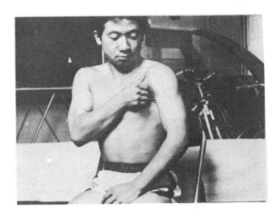

또 투척은 보통 조주가 있기 때문에 조주시에 스피드, 보조(歩調), 어깨나 허리의 유연성도 중요하다.

조주(助走)가 끝나고 투척 동작으로 옮길 때는 전신의 릴렉션이 필요하고, 몸을 딱딱하게 하고 있으면 하지에서 허리, 상지의 신전의 부드러운 운동 동작이 생기지 않는다.

최후의 승부는, 견갑근에서 상지근의 굴곡 동작에서 신전 동작으로 어떻게 잘 스위치, 체인지 하는가에 있고, 거기에 더하여, 허리의 비틈과, 척추의 유연성도 최후의 승부에 크게 작용한다. 특히 원반 던지기나 해머 던지기에서는 그것에 더하여 하지의 흔듦이 필요하고, 하지 내측 근군의 움직임에 의한 원심력을 이용한다. 또, 투척의 특징의 하나는, 목의 움직임이 중요하여, 회전 동작을 잘 만들어 내는 것은 목의 움직임에 의해서이다.

〔일으키기 쉬운 장해〕

투기에서 일으키기 쉬운 장해는 창 던지기 할 때의 어깨, 견갑통, 요통 등이다.

〔맛사지의 포인트〕

투척의 맛사지의 목적은, 전신의 과도한 긴장을 제거하고(릴렉션), 어깨와 팔꿈치의 유연성(최대한의 가동 범위), 팔꿈치의 신전력을 키우는 점에 있다고 할 수 있다.

① 팔꿈치 관절과 그 주위의 근육 및 요부의 맛사지는, 경기 전에는 특히 필요하다.

② 허리의 비틂에서는, 복사근이 주동적으로 움직이기 때문에 특히 잘, 자주 맛사지 한다.

③ 다른 육상 경기 종목에 비하여, 목의 움직임이 중요하기 때문에, 흉쇄 유돌근이나 사각근 등의 경근의 맛사지는, 특히 빼어서는 안될 곳 중의 하나이다.

④ 경기 후는 척추의 신전법, 마니플레이션을 행하고, 팔꿈치나 견갑골의 처치를 충분히 행하여 두어야 한다.

● 체조 경기(体操競技)

체조 경기는 스포츠 기술의 '정수'를 모은 경기라고 일컬어질 정도로, 고도의 기술과 충실한 정신력이 필요로 되어지는 종목이다.

신경계와 전신의 근육계가 통일되어져 섬세하고, 게다가 힘이 담겨 있는 한순간 한순간의 움직임이 승부의 결정적 요소가 되는, 야구와 같은 팀 스포츠나 유도와 같은 대인 스포츠와 같이, 또는 시간을 걸고 실시되는 경기와 같이 화이팅이나 맹렬함이 있다고는 할 수 없다. 오직 혼자서 행하는 고독한 스포츠인 것이다. 승패는 단 한순간의 '기'로 정해져 버리기 때문에 경기 전의 정신적인 긴장은 굉장한 것이다. 그것은 마치 먹을 듬뿍 품은 붓이 막 백지에 쓰여지려 내려 앉는 것과 같은 심경인 것이다.

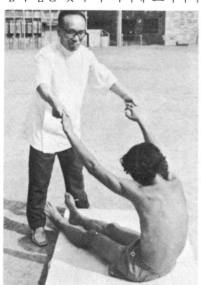

◀경기후 어깨의 긴장에 대한 신전법(伸展法)

▼경기전 호흡조정으로 정신안정

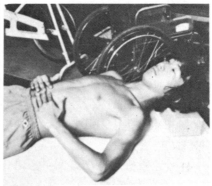

끊임 없는 연습에 의해 튼튼한 근력, 민첩한 동작과 교묘함, 전신의 유연성과 밸런스를 키우고, 실제의 시합에 임해서는 '사람의 할 도리를 다하고 천명을 기다린다'라는 심경이 되는 것이 정신적으로도 릴렉스하는 비결일 것이다.

체조 경기의 체력 요소로써는 평형, 진동, 신체의 회전, 도약의 4가지 요소를 들 수 있다.

신체의 평형과 지지 신체의 밸런스를 유지하기 위해서는 고도의 자세 반사, 특히 평형 반응의 확립이 필요하다. 평형 반응은 인간 특유의 고도의 자세 반사로, 서서 걷고 있는 인간은 누구에게 준비되어 있는 것이지만, 체조 경기와 같이 여러가지 어려운 자세를 정적으로, 동적으로 취하지 않으면 안되는 경우에 있어서는 보다 발달한, 조정되어진 신경 — 근육의 피드백이 요구된다. 이를 위해서는 몇번이고, 몇번이고 반복하여 연습하는 것에 의해, 심부 감각을 고양시키고, 보다 민첩한 운동 감각과 위치 감각을 키우는 것이다. 이런 의미에서 스포츠 맛사지는, 심부 감각의 기능을 높이는데 효과가 있다.

진동(振動) 위치의 에네르기와 운동의 에네르기를 바르게 이용하여 체인지 하는 것이다.

도약(跳躍) 마루 운동이나 도마의 종목에 특히 필요한 것은, 훌륭한 도약력이며, 그것은 마치 눌려진 용수철이 튀어 오르는 것과 같은 것으로, 하지의 강한 신전력과 전신의 유연성이 요구된다.

회선(回旋) 어느 종목에서도 공통적으로 필요한 요소는 체축 회전으로, 목, 견갑대, 골반의 분리 운동과 상·하지의 대각선 운동이 스무스하게 되는 것이 기본이 된다.

체조 경기의 종목으로써는 남자에게는 철봉, 평행봉, 안마, 도마, 마루 운동, 링이 있고, 여자 운동으로는 평균대, 단이 다른 평행봉, 도마, 마루 운동이 있다.

[주 운동 관절과 주 운동 근육]

링, 평행봉, 철봉, 도마는 상체의 지지가 포인트로, 그 때문에 상지에서 견갑골이 중심이 된다. 관절로는 어깨 관절, 팔꿈치 관절, 손 관절이 주요 운동 관절이다.

마루 운동은 완전히 전신 운동으로, 달리는 운동과 도약 운동이 중심이다.

주 동작 근은 상지에서는 삼각근, 상완 삼두근, 상완 이두근, 원회내근, 완요골근, 대흉근, 광배근, 승모근, 극하근, 전거근, 그 외 복근과 요근, 하지에서는 대퇴 사두근 등이 있다.

〔일어나기 쉬운 장해〕

체조 경기에서 일어나기 쉬운 장해는 손 관절 장해(타박, 염좌), 상완 골과상 골절, 전완골 골절, 어깨의 장해(탈구, 견갑통), 발 관절 염좌, 요통, 근의 과도한 긴장에 의한 경련, 아킬레스건 단렬(특히 마루 운동) 등이 있다.

〔맛사지의 포인트〕

맛사지의 목적으로서는,

① 심신의 조화.

② 전신 근육의 균형 잡힌 발달. 특히 철봉이나 평행봉에서는, 상지근의 발달과 조정이 필요하다.

③ 근육의 유연성, 순발력, 근력을 강화한다.

④ 상지의 관절(어깨, 팔꿈치, 손)의 유연성과 안정성.

⑤ 장해의 예방과 처치 등이다.

맛사지 하는 방법

① 경기 전은 전신에 가벼운 경찰법, 주 동작 근의 극히 가벼운 유날법. 흔들어주는 방법 등을 실시한다. 특히 이전부터 어깨의 통증 등의 장해가 있는 경우는, 경기 전의 준비 맛사지가 필요하다.

② 경기 중은 주로 셀프 맛사지로, 특히 주 동작 근에 대한 맛사지로, 상지의 제근(어깨의 주변)이나 발관절 등에 중점을 두어 실시한다. 비복근 등에 경련이 일어날 듯한 때나 어깨의 근육이 과도하게 긴장되어 있을 때는, 그 부위에 압박법에 의한 진정적인 기술이 효과적이다.

③ 경기 전이나 경기 중의 조정법도 중요하고, 자신의 양손으로 배를 어루만지거나 누르거나 하여, 큰 심호흡을 하면 기분도 차분히 가라앉아 좋은 플레이를 할 수 있는 계기가 된다.

④ 경기 후는, 특히 피로가 심한 근육에 경찰법, 유날법, 압박법에 병행하여 신전법을 실시한다. 그리고 입욕하고, 유유자적한 기분으로 전신에 가벼운 맛사지를 받는 것이 좋다.

● 야구(野球)

야구는 우리나라에서는 가장 많이 보급되어 있는 스포츠 중의 하나로, 대중에게 깊이 친숙되어 있는 경기이다.

달리고, 던지고, 치고, 잡는 4가지의 기본형이 있고, 스포츠의 원리를 모두 포괄하고 있는 종목이기도 하다.

야구는 뭐니 뭐니해도 팀웍이 중요한 것으로, 동료 선수끼리의 인간 관계가 중요하고, 훌륭한 야구 선수가 되기 위해서는, 전신의 균형이 잡힌 발달과 장시간의 플레이에 견딜 수 있는 강한 체력(특히 호흡기, 순환기 계의 내구성)과 근육의 지구력을 키우는 것, 즉 피로를 모르는 신체, 마력이 있는 신체를 만드는 것이다.

●투구

던지는 방법에는, 오우버슬로우(위로 던지기), 사이드슬로우(옆으로 던지기), 언더슬로우(아래로 던지기), 스리코타(윗의 옆에서 던지기)가 있는데, 그 주동작 근과 주 동작 관절은 다음과 같다.

투구 동작에서 특히 필요한 관절은 어깨 관절, 팔꿈치 관절, 손 관절, 손가락 관절(특히, 엄지, 인지, 중지의 관절)과 허리의 비틈이 있다.

주 동작 근은 견갑근에서 상지 전체의 근육, 배요근, 복근, 축각이 되는 하지 신전근 등이다.

던지는 방법 별로는, 오우버슬로우에서는 견갑근, 천배근, 견관절, 견갑대 등이 되고, 사이드슬로우에서는 요근, 언더슬로우에서는 팔꿈치와 앞팔의 근육이 주요 역활을 한다.

〔투구 동작의 분석〕

① 스냅 발의 내 디딤.
② 축족으로의 체중의 지지와 강한 신전력(대퇴 사두근, 전근).
③ 상체를 강하게 뒷쪽으로 끌어 당긴다 (대요근, 복사근, 요방형근, 광배근, 삼각근, 승모근, 선극근).
④ 허리의 비틈(심배근).
⑤ 어깨 앞쪽으로의 흔들어 냄(삼각근, 대흉근).
⑥ 팔꿈치의 신전(상완 삼두근).
⑦ 전완의 회내(원회내근, 방형회내근).
⑧ 손목에서 손가락의 스냅(전완굴근군).

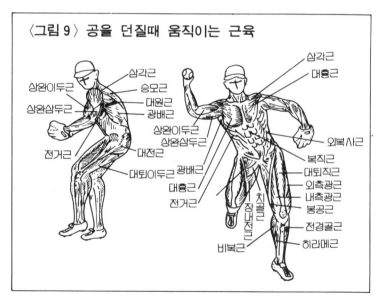

〈그림 9〉 공을 던질때 움직이는 근육

▶ 투수의 어깨 장해에 대한
의료 맛사지(쌍수 유날법)

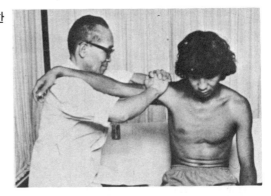

어깨의 선과 팔의 선이 일직선이 되었을 때에 볼이 손에서 떨어진다. 가능한 한 어깨보다 높고 먼 곳에 볼을 유지하고 있어, 어깨—팔꿈치—손목—손가락과 연속적으로 유연하게, 게다가 강하고 멀리, 크게 팔을 흔든다. 편 그대로의 상태에서 최대한의 힘보다 이상의 힘을 내는 것이 요령이다.

그러기 위해서는, 발과 허리의 밸런스와 중심의 안정과 이동이 필요하며, 평형 감각의 훈련이 중요하다.

체력적인 요소로써는 전신의 유연성, 상지에서 허리의 대각선 운동, 체중(중심)의 이동, 어떻게 하면 크고, 빠른 팔 흔듦을 할 수 있을까, 스피드와 힘, 눈과 손의 협조(콘트롤이 중요하다)가 있다. 또 정신적으로는, 투수는 항상 타자에게 이겨 있지 않으면 안된다.

〔일으키기 쉬운 장해〕

야구에서 일으키기 쉬운 장해에는 야구 팔꿈치, 야구 어깨, 발 관절 염좌, 요통, 골절(요골 과상 골절), 손목 힘줄 소염 등이다.

〔맛사지의 포인트〕

투구 폼이나 그라운드 컨디션 등에 의해 차이가 있는데, 일반적으로는 전신의 근육과 관절의 유연성을 얻는 것이 가장 필요하며, 투수의 버릇을 잘 포착하여, 어느 근육이 특히 피로해지기 쉬운지, 또 요통, 견갑통, 손목의 건소염 등의 장해가 없는지 어떤지 그 날의 몸의 컨디션을 잘 살펴 처치해야 할 것이다.

① 투수는 어깨를 식히는 것이 제일 금해야 할 사항이다. 충분히 체온을 유지하는데 주의를 기울여야 한다. 등판 전에 워밍업, 투구 연습

과 병행하여 견갑부에서 상지에 걸쳐 맛사지를 하는 것은 중요하다. 특히 어깨에 장해를 갖고 있는 투수는, 삼각근 전록부(상완 이두근 장두건)가 아픈 경우가 많기 때문에, 그 부분을 중심으로 맛사지하고, 거기에 맞추어, 어깨에서 상지의 신전법, 교정법 등을 실시한다.

② 투수는 구종에 의한 근육의 장해부분 및 피로의 처치를 위한 맛사지의 요령을 미리 터득하여 두는 것이 필요하다.

드롭에서는 야구 팔꿈치, 회내근, 팔꿈치 굴절, 신근이 피로해지기 쉽다.

커브에서는 전완 요측근에서는 손가락(특히 엄지 손가락) 근육이 피로해지기 쉽고, 또 아프기 쉽다.

슈우트에서는 요골 신경 영역의 근육이 피로해지기 쉽다.

넉클 볼에서는 손가락(인지 손가락과 중지의 힘줄소염)이 피로해지기 쉽다.

③ 야구의 투구 때, 끊임 없이 손목을 날카롭게 사용하기 때문에, 장시간 투구를 하면, 손목이 현저히 피로해지고, 힘줄 소염을 일으키기 쉽다. 통증이 오는 경우는, 테이프나 반창고로 고정시키는 것과, 전

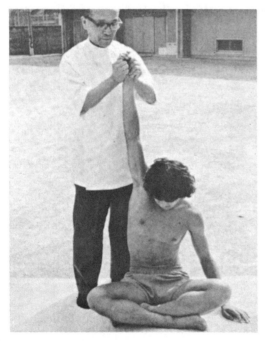

◀ 야수의 경기 중의 상지의 신전법

완 굴절근군의 맛사지를 실시하는 것이 좋다 (수장 경찰,수장유날, 간헐 압박, 힘줄과 근육 이행부의 압박 등과, 앞팔의 신전법을 합하여 실시한다).

④ 투구에는 허리의 비틂이 중요하다. 특히 이각측(축족)의 요배근 및 내외복사근이 피로해지기 쉽고, 또 축족의 대퇴 사두근도 피로해지기 쉽다.

⑤ 능숙한 허리의 비틂을 만들어 내기 위해서는, 척추의 유연성이 필요하며, 척추의 조정법, 마니플레이션 등도 경기 후에 실시하여 두는 것이 좋다.

● 타격

볼을 치는 것은, 벳트도 팔로도 아닌 어깨와 허리의 회전력이다. 따라서, 타구점으로 향하여 어떻게 빨리, 그리고 훌륭하게 어깨와 허리를 회전시키는가가 포인트가 된다.

오른쪽으로 치는 타자에 대하여 분석하여 보겠다.

왼손으로 벳트를 끌어 당기고, 오른손으로 벳트를 콘트롤 한다. 리스트의 움직임이 중요하며, 미트의 순간의 손목 콘트롤(리스트웍), 순간적으로 손수건을 짜듯이 손목을 비틀어, 인펙트의 순간에 손목을 돌리고, 양손이 하나와 같이 되어 힘있게 뻗어 자르는 것이 포인트이다.

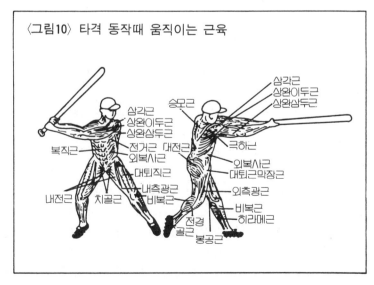

〈그림10〉 타격 동작때 움직이는 근육

또 양 팔과 손목의 조화가 중요하며, 쟈스트미트 후는 팔— 손목— 벳트는 일직선이 되도록 한다.

이상의 요령을 정리하여 보면, 손목을 능숙하게 콕해 두고, 쟈스트미트, 손목을 날카롭게 돌리고, 팔을 완전히 펴는 4 가지가 된다.

쟈스트미트하는데는 볼을 잘 보지 않으면 안된다. 따라서, 눈과 손의 협조성이 필요하다.

따라서, 주 동작 관절과 주 동작 근육은, 어깨 관절, 허리, 손 관절 다.

주동작근은, 준비자세에서는 삼각근, 상완이두근, 상완삼두근, 광배근, 전거근, 복근, 봉공근, 대퇴내전근군, 대퇴사두근, 비복근, 손가락의 굴절 등이다.

스윙할 때는, 삼각근, 상완 이두근, 상완 삼두근, 승모근, 흉쇄유돌근, 광배근, 대원근, 극하근, 외복사근, 전근, 대퇴 사두근, 비복근, 전경골근 등인데, 스윙의 순간에는 오른쪽 대퇴 신근, 왼쪽 대퇴 내전근, 전근, 내외복사근, 요근, 광배근, 상완 삼두근 등이 움직인다.

〔일어나기 쉬운 장해〕

벳팅에서 일으키기 쉬운 장해에는, 손관절의 장해 (힘줄 소염 등), 경근, 승모근의 통증, 요통, 타박증 (데드 볼) 등이 있다.

〔맛사지의 포인트〕

요령은 투기의 경우와 거의 비슷하다. 어깨에서 상지 전체의 근육, 어깨 관절과 손 관절, 요부의 조정을 위한 맛사지와 신전법, 회전법, 마니플레이션 등이다.

벳트를 잘 휘두르기 위해서는, 목의 움직임이 중요하며, 목의 방향과 회전이 바른 어깨와 허리의 회전을 리드한다.

그러기 위해서는 흉쇄 유돌근의 맛사지와 목의 운동법도 잊어서는 안될 것이다.

또, 리스트웍에서, 특히 오른쪽 치기에서는 왼쪽 손목의 바깥 쪽의 힘줄에 무리가 가기 때문에, 미리 충분한 손목의 맛사지와 조정법을 실시하여 힘줄 소염을 방지한다. 시합 중에 아프기 시작하면, 그 부위를 테이프나 반창고로 고정시키면 좋다.

힘있게 스윙을 하기 때문에, 허리를 아프게 하는 경우가 많은데, 마니플레이션 등이 효과가 있다.

또 하지에는 무릎 관절에 중점을 둔다.

● 포수 (捕手)

포수의 역활은 본루를 사수하고, 야수를 돌보며, 피쳐를 리드하는 팀 맴버의 '핵심'이 되는 존재이다.

언제나 웅크리고 앉은 자세로 포구하거나, 파울 볼 등의 때, 급히 허리를 비틀거나 하기 때문에, 용수철과 같은 유연성이 있는 허리의 소유자가 아니면 안된다. 또, 무엇보다도 어깨가 강하지 않으면 안된다. 전체의 움직임 중에 큰 움직임이 없는 대신에, 급격한 무리한 자세가 경우에 따라 요구된다.

〔주 동작 관절과 주 동작 근〕

허리와 하지의 관절(넓적다리 관절, 무릎 관절, 발 관절). 주 동작 근은 요근, 복근, 대퇴 사두근, 비복근, 히라메근, 전근 등이다.

〔일으키기 쉬운 장해〕

포수에게 일어나기 쉬운 장해는 돌지, 요통, 좌골 신경통, 팔꿈치 관절 장해(슬로잉할 때 몸 회전을 동반하지 않은 무리한 자세에서의 투구에 의한 팔꿈치 관절의 쇽크가 원인으로, 구축이 일어나는 경우가 있다) 등이다.

〔맛사지의 포인트〕

허리 부분에서 대퇴부의 근육이 특히 피로해지기 쉽기 때문에, 요근과 대퇴 사두근과, 무릎 관절의 맛사지와 신전법, 회전법이 좋다.

● 내야수 (內野手)

야수는 달리고, 잡고, 던지는 3가지 요소가 필요하며 피쳐의 투구 동작과 동시에 정적인 상태에서 빨리 반사적으로 동적 상태로 이동하기 때문에, 매우 민첩하고, 순발력이 있어야 한다.

그를 위해서는 눈과 전신의 협조, 포구의 '느낌'이 중요하며, 반사적으로 민첩하게 볼을 잡아, 그것을 똑바로 이내 다른 야수에게 투구해야 한다.

〔주 동작 관절과 주 동작 근〕

　야구 맴버 중에서, 제일 전신을 골고루 사용하기 때문에, 달릴 때는 하지, 던질 때는 상지를 중심으로 하는 관절과 근육이 움직이고, 어느 경우에라도 허리의 밸런스가 중요하기 때문에 복근과 요근의 조화에 주의해야 한다.

〔일으키기 쉬운 장해〕

　내야수가 일으키기 쉬운 장해는 돌지, 아킬레스건통, 요통 등이 있다.

〔맛사지의 포인트〕

　민첩한 움직임이 가능하도록 전신을 만드는 목적으로, 타구를 쫓아 급하게 달리거나, 멈추거나 하기 때문에, 아킬레스건에 쇽크를 주기 쉽고, 또, 땅볼을 잡을 때 손가락을 삘 위험이 있기 때문에 거기에 충분한 주의를 기울여야 한다. 그 외에는 다른 맴버와 같은 요령으로 맛사지를 실시한다.

● 외야수 (外野手)

　야구는 수비로 이기는 경우가 많고, 치는 것 보다도 수비하는 것이 　선

결이라고 자주 말해지며 수비가 '7', 치는 것이 '3'이라고도 말들 한다. '수비해라, 수비해라, 끝까지 수비해라' 이것이 필승의 요령이다.

외야수에 있어서 필요한 것은 민첩한 동작, 빠른 발이 중요하여 '볼은 발로 잡아라.'라는 말이 있을 정도이다.

포구는 항상 신체의 정 가운데에서 양손으로 잡는 것이 원칙이다.

능숙하게 포구하기 위해서는,

① 좋은 자세를 만든다.

② 민첩하게 동작한다.

③ 눈의 예민한 감각.

이 세가지 요소가 필요하다.

또 포구했으면 이내 송구해야 한다. 그리고 '볼은 눈으로 던져라.'라는 말이 있듯이, 눈과 손의 협조가 중요하다.

송구에는 오우버슬로우(장거리), 사이드슬로우(중거리), 언더슬로우(단 거리)의 3가지 던지는 방법이 있다. 특히 언더 슬로우는 무리한 자세에 서 송구하는 경우가 있기 때문에 허리에 통증을 일으키기 쉽다.

〔주 동작 관절과 주 동작 근〕

내야수와 같다.

〔일으키기 쉬운 장해〕

외야수에게 있어서 일으키기 쉬운 장해에는, 근육이나 근 섬유의 급격 한 수축에 의해 끊어지는 것(대퇴 전측근, 후측근), 발 관절 염좌(특히 그 라운드에서 볼을 눈으로 쫓으면서 달리기 때문에), 타박(큰 후라이의 포 구로, 펜스에 충돌한 경우 등), 아킬레스건의 장해(단열, 전력 질주로 볼 을 쫓아 급히 멈추었을 때의 쇼크로 일어나는 경우가 많다) 등이다.

●시즌 오프

베이스 캠프에서 페넌트까지의 조정.

① 최초의 2개월은, 시즌 중에 축적된 피로를 회복시키고, 전신의 컨디 션을 정비하기 위한 전신 맛사지가 좋다.

② 자신의 육체적 결함이나, 전 시즌에서 입은 장해를 철저하게 회복시 키기 위한 맛사지(어깨의 통증, 허리의 통증, 삔 손가락 등).

③ 스프링 캠프가 되면, 본격적인 트레이닝을 실시한다. 특히 피쳐는

본격적인 투구 동작 연습이 개시되면, 어깨 주위의 근육이 피로하고, 단단해지고, 통증이 오므로 연습 전, 연습 후에 정성스럽게 맛사지하고, 때로는 온습포를 병용한 맛사지를 실시한다. 또 연습 종료 후, 상지 전체가 극도로 피로하여 부종이 생긴 경우는, 상지의 힘줄 당겨주는 방법이나 흔들어주는 방법도 좋다. 타격 연습에서는 컨디션이 조화를 이루지 못한 채 무리하게 스윙하면, 자주 허리에 통증이 오는데, 이런 경우에는 마니플레이션과 지압을 하는 것이 좋다.

캠프 때의 근육 피로 방지의 포인트는 각종의 운동 요법, 관절의 신전법과 전신의 맛사지를 총합적으로 실시하면 좋다. 또, 장해 부위의 맛사지에는 필요에 의해 포대법이나 온열요법을 병용하면 효과가 증대된다.

● 테니스

테니스는 라켓을 들고 볼을 상대의 코트로 집어넣는 경기로 손 관절, 팔꿈치 관절, 어깨 관절을 주 동작 관절로 하는 전신 운동이다.

체력적인 요소로써는 근력과 스피드, 내구력이 요구된다.

스타트, 급정지의 연속이기 때문에 하지에도 큰 부담을 주며, 시합 시간이 길어지면 비복근이나 대퇴 사두근이 극도로 피로 하고, 자주 경련을 일으킨다.

상지에서는 스피드 있는 팔꿈치의 굴신 운동이 주체가 되기 때문에, 소위 '테니스 팔꿈치(테니스 · 엘보)' 등의 장해를 일으키기 쉽다.

테니스는 라켓을 들고 어떻게 유효한 스트록을 정하는가가 포인트로써, 그를 위해서는 힘의 크기, 힘의 방향, 작용하는 점의 3가지 요소에 의해 스피드 있는 볼이 콘트롤 된다.

스피드를 내기 위해서는 라켓을 흔드는 스피드, 플레이어의 근력, 백 스윙의 거리, 중심의 이동, 리스트웍, 볼을 잡는 자세(양발을 벌리고, 무릎은 약간 구부리고 허리는 내린 채 앞으로 선다), 몸 중심의 회선 등이 중요한 요소가 된다.

주 동작 관절로 가장 중요한 관절은 팔꿈치 관절로, 그외 상지의 각 관절(어깨 관절, 손 관절, 손가락 관절), 허리, 하지의 각 관절(특히 무릎 관절) 등이다. 주요 동작 근은 삼각근, 승모근, 광배근, 대흉근 상완 이두근, 상완 삼두근, 전완 굴근군, 요배근, 복근, 대퇴 사두근, 대퇴 이두근, 반건, 반막양근, 비복근 등이다.

요컨대 발을 축으로 하여 지레의 작용을 이용하고, 허리를 회선시켜 팔을 보다 빨리 길게 흔드는 것과, 치는 순간의 손목의 스냅이 요령이다.

〔일으키기 쉬운 장해〕

테니스에서 일어나기 쉬운 장해는 발관절 염좌, 발 부분의 좌창상, 테니스 팔꿈치, 아킬레스건 단열, 손 관절의 건소염, 어깨의 통증(특히 삼각근전록의 상완 이두근 장두건 부분의 통증) 등이다.

〔맛사지의 포인트〕

테니스 시합은 장시간을 요하기 때문에 심폐 기능의 증진, 지구력(근지구력)이 요구된다. 그런 점에서 도약의 기술이나 체조 경기(마루 운동은 제외)와 같이 일순간에 승부가 정해져 버리는 것이 아니라, 강한 끈기와 화이팅으로 결점을 커버할 수 있다. 그러기 위해서는 무엇보다도 장시간의 플레이에 버틸 수 있는 체력과 근 지구력이 요구되어지는 것이다.

① 간헐일(중간 일) 또는 경기 전에 복부, 흉배부, 경부(승모근, 흉쇄유돌근)를 경찰, 수장 유날(揉捏)을 중심으로 맛사지 하고, 호흡을 조정하고, 폐활량을 증진시키고, 또 심장 기능의 증강을 기한다.

② 스트록에서 가장 중요한 것은, 팔꿈치 관절의 원활한 운동이기 때문에 팔꿈치 관절 맛사지나 신전법, 그 주위의 근군을 중점적으로 맛사지 한다.

③ 그 외의 상지에서는 어깨의 주위 근육(삼각근, 승모근, 광배근), 손목의 스냅을 강하게 하고, 그 장해를 막기 위해서는 손 관절의 관절 맛사지와 전완 제근의 맛사지가 좋다.

④ 민첩한 움직임을 돕는 대퇴 사두근, 비복근, 대퇴 후측 근군에도 피로가 생기기 쉽기 때문에, 경기 전과 경기 후의 맛사지는 꼭 빼놓지 않도록 한다.

● 핸드볼

핸드볼은 넓은 그라운드를 달리면서 볼을 패스하기도 하고, 뛰어 오르면서 슛을 하기도 하는 경기로 스태미너가 필요한 경기이기 때문에 심폐의 강함이 요구된다.

〔주 동작 관절과 주 동작 근〕

달리면서 볼을 패스, 슛을 행하기 때문에 하지의 각 관절과 자주 쓰는 팔 상완의 관절, 특히 손 관절과 손가락 관절을 많이 사용한다.

주 동작 근은 대퇴 사두근이나 달리는데 필요한 하지의 근육, 상완 이두근, 상완 삼두근, 삼각근, 광배근 등이다.

특히 이 경기는 달리는 것과 후트웍이 중요하고, 페인트를 좌·우로 실시하고, 상반신은 힘을 빼고, 중심을 내리고 있는 것이 경기의 요령이다. 재빠른 스타트를 할 수 있는 단거리 선수와도 같이, 동시에 참을성이 강한 중·장거리 런너와 같은 힘을 갖추고 있어야 하는 것이다.

〔일어나기 쉬운 장해〕

핸드볼에서 일어나기 쉬운 장해는 손가락을 삐는 것, 손 관절의 염좌, 손가락, 손목, 팔의 타박상 및 찰과상, 발 관절의 염좌, 아킬레스건의 단열 등이다.

〔맛사지의 포인트〕

① 민첩한 활동력, 심폐의 기능 강화와 조정을 위하여 복부, 흉부, 경부의 맛사지와 호흡근의 강화.

② 특히 손가락, 손 관절에 장해가 일어나기 쉽기 때문에 경기 전, 경기 후를 통하여 손 관절, 손가락의 신전법이나 셀프 맛사지(2지 경찰, 2지 유날이 좋다).

③ 경기 후는 워밍다운을 실시하고, 피로의 회복을 위하여 주 동작 근을 중심으로 맛사지 한다.

삔 손가락 등의 외상의 처치도 충분히 실시해 두어야 한다.

●농구

바스켓볼은 1개의 코트 속에 각각 5명씩의 팀이 1개의 볼을 서로 뺏는, 한시간 사이에 어느쪽이 많이 득점하는가 하는 것을 겨루는 스포츠이다.

좁은 코트 속에서 10명이 격렬하게, 민첩하게 움직이며, 볼을 쫓고, 숨기고, 뺏고, 슛하여 득점하기 때문에 굉장한 스피드가 있고, 스릴이 있는 종목이다.

체력 요소로써는 스피드, 순발력, 민첩성, 재치성, 내구성, 유연성 등 모든 요소가 필요하다. 후트웤도, 날카로운 댓쉬도, 능숙한 스톱, 피봇턴도 있어야 하며, 단거리를 빨리 달리고, 빨리 멈추고, 돌연히 다른 방향으로 달리는 등, 더할 나위 없는 민첩한 동작과 순발성이 필요하다. 따라서 능숙한 후트웤을 키우기 위해서는 바디 콘트롤이 중요하다. 또 강한 점프력도, 신전력도 요구된다.

능숙한 후트웤으로 어떻게 볼을 핸드링 하는가가 포인트이고, 또 바스켓볼의 룰로써 정한 볼을 가지고 달리거나, 상대와 접촉도 해서는 안되기 때문에 드리블, 자기 팀으로의 패스 그리고, 유효한 슛과의 연결 플레이로 바스켓에 볼을 넣어야 한다.

볼을 잘 핸드링하기 위해서는 선수의 손과 볼과의 필링이 가장 중요하고, 드리블할 때도 결코 볼을 보아서는 안되며, 볼이 손에 흡수되어 있는 듯한 느낌으로 볼을 다룰 수 있도록 반복의 연습을 통해 느낌을 감지해 내어야 한다. 슛할 때도 특별히 계산하여 실시하는 것이 아닌, 다만 같은 반복의 슛을 통해 경험적인 '감각'을 몸에 익혀야 하는 것이다.

어느 유명한 아메리카 코치가 '잠자리에 들어갈 때도 볼을 갖고 들어가라'라고까지 말했을 정도로 훌륭한 바스켓볼의 플레이어가 되기 위해서는 볼에 친밀해지지 않으면 안되는 것이다.

〔주 동작 관절과 주 동작 근〕

후트웤(댓쉬, 스톱, 턴)은 주로 허리에서 하지의 관절과 근육, 복근, 요근, 전근, 대퇴 사두근, 대퇴 내전근, 대퇴 이두근, 반건, 반막양근, 비복근, 전경골근, 장비골근, 족지굴근군이다.

볼 핸드링(슛, 드리블, 패스)에서는 대흉근, 전거근, 승모근, 견갑거근, 광배근, 극상근, 삼각근, 상완 이두근, 상완 삼두근, 손 관절 및 손가락의 굴근군, 신근군이다.

볼 핸드링에서는 특히 손가락의 유연성과 손가락 근육의 재치성이 중요하다.

〔일어나기 쉬운 장해〕

바스켓볼에서 일어나기 쉬운 장해는 손가락 삐는 것, 발 관절 염좌, 요통, 아킬레스건 단열, 전도나 충돌에 의한 타박, 손 관절 염좌 등이 있다.

〔맛사지의 포인트〕

① 농구는 격렬하게 장시간 계속되는 경기이기 때문에, 순환계나 내장 제기관에 상당한 부담을 주기 때문에 심폐의 내구성을 키우는 것이 우선 필요하고, 그를 위해서는 시즌 오프때부터 복부, 흉부, 배요부 의 맛사지와 척추의 조정법을 실시한다.

② 경기 전후, 또는 시합 중의 휴식 시간에는 통증이 오기 쉬운 허리, 손목, 손가락, 팔꿈치의 관절 및 그 주 동작 근, 무릎과 발 관절과 그 주 동작 근, 특히 대퇴 사두근, 무릎 굴근군, 히라메근에 맛사지 를 실시한다.

③ 또 날카로운 댓쉬와 급격한 스톱에서는 발바닥 근을 아프게 하기 쉽기 때문에, 그 부위를 지과 경찰(軽擦), 엄지 유날, 엄지 압박 등 의 수기를 실시한다.

● 배구 (6인제)

남·녀를 막론하고 또 용구, 장소, 경비도 크게 필요하지 않고, 동시에 많은 사람들이 즐길 수 있다. 공부나 작업 뒤의 고정 자세에서 오는 피로 의 회복이나 교정적인 운동으로써 애호되고 있다. 이 발리볼의 기술적인 특징을 한마디로 말하자면 '다이나믹과 센스티브의 경기'라고 말할 수 있 다. 힘과 기와 스피드가 믹서되어진, 다이나믹한 플레이가 불가결의 조건 이며, 거기에 동반된 기술의 기반이 되는 체력의 강화가 요구된다. 또 세 계적인 선수가 되면 한 시합에서 평균 3시간, 300~500회의 전력 점프가 요구되고, 스피드, 힘, 기와 함께 스태미너도 크게 관계되어져 있음을 알 수 있다.

한편으로는 자기 팀과 상대 팀의 리듬 파악이 게임의 중심이 되고, 자신 의 팀의 리듬에 상대를 끌어 들이려는 '템포'의 경기라고도 말할 수 있다. 이를 위해서는 게임의 템포를 냉정하게 판단할 수 있는 판단력이 중요하 고, 상대의 시합 전개를 예상하고, 거기에 대한 방어법을 준비하는데 있 어서 요구되는 '읽기'라고 불리우는 추측력이나 통찰력, 시합의 무드에 휩쓸리는 일없이 필요한 기술을 정확하게 실시할 수 있는 집중력 등의 정 신적 자질도 빼놓을 수 없는 조건이며, 여기에서 발리볼의 특징은 '센스 티브다'라는 말을 하는 것이다.

발리볼 선수로써 요구되는 체력은 기본적으로, 또 전면적으로 발달하는 것이 바람직하다. 발리볼 선수로써의 불가결한 체력상의 요소로써는 전신의 파워를 대표하는 점프력, 읽기와 반사의 정신계와 근육의 수축 스피드를 반영하는 민첩성의 유무, 거기에 타이밍, 밸런스, 릴렉션, 집중력 등의 신체 조정력, 거기에 더하여 스태미너의 유무를 들 수 있다.

〔주 동작 관절과 주 동작 근〕

주 동작 관절은 발 관절, 무릎 관절, 손 관절, 손가락 관절, 팔꿈치 관절, 어깨 관절, 허리이다.

주 동작 근은 대퇴 사두근, 비복근, 히라메근, 삼각근, 극상근, 극하근, 대원근, 소원근, 상완 이두근, 상완 삼두근, 손가락과 손목의 굴근군이다.

〔일어나기 쉬운 장해〕

발리볼에서 일어나기 쉬운 장해는 발관절 염좌, 손 관절 염좌, 무릎 관절통, 아킬레스건통, 비복근경련, 요통증, 어깨 관절통, 손가락 삐는 것이다.

〔맛사지의 포인트〕

① 장해가 많이 생기는 비복근 경련, 손가락 삠, 발 관절 염좌, 요통 등에 주의하여 시합전, 시합중, 시합후를 통하여 비복근이나 대퇴 사두근 등의 하지근과 어깨 근 등에 중점적으로 근육 맛사지를 실시한다. 또, 허리의 유연성이나 무릎 굴신, 무릎 관절의 조정, 손가락의 신전법 등을 실시한다. 비복근 경련이 일어날 듯한 때는 세트와 세트 사이의 짧은 휴식 시간에 비복부의 파악유날이나 신전법을 단시간에 실시한다.

② 상당히 긴 시간의 플레이이기 때문에 거기에 견딜 수 있는 심폐 기능력이 요구된다. 그를 위해서는, 중간 트레이닝과 함께 전신의 맛사지도 실시한다.

③ 팔꿈치나 무릎은 통증이 오기 쉽기 때문에, 사포타 등을 붙여 보호하는 것이 좋다.

●축구, 럭비─풋볼

이들의 경기를 행하는 선수는 대체로 건장한 신체와 강건한 다리의 힘을 가지고, 장시간 동안의 운동에 참아낼 수 있는 스태미너를 갖고 있어야 한다. 다리가 생명이기 때문에 다른 스포츠와 비교하면 굵고, 탄력성이 있고, 야무진 근육으로,보기만 해도 강할 듯한 다리를 갖고 있다.

운동이 격렬한 만큼 심장이나 폐장에 주는 부담도 크고, 또 외상도 스포츠의 종목 중에서 가장 많다.

잘 달리고, 볼을 스톱시키고, 킥하고, 던지고, 때로는 헤딩(축구)으로 어떻게 훌륭하게, 교묘하게, 힘있는 게임을 행하는가가 볼만한 대목이다. 다른 스포츠에는 없는 특징으로써 '헤딩'이라고 하는 것이 있다.

체력 요소로써는, 건장한 스태미너, 스피드, 유연성, 재치성 등을 들 수 있고,물론 공격, 수비면에서 날카로운 판단력과 창조력과 볼에 대한 '감각'을 키우지 않으면 안된다.

축구는 다른 스포츠의 트레이닝에서 기초 체력을 키우기 위해 자주 실시될 정도로 체력 다지는데에 큰 공헌을 하고 있다.

〔주 동작 관절과 주 동작 근〕

뭐니뭐니해도 런닝과 킥이 중요하기 때문에, 주 동작 관절이나 주 동작 근은 다리와 하지이다. 헤딩의 경우는 거기에 목의 근이 더해진다.

주 동작 관절은 넓적다리 관절, 무릎 관절, 발 관절, 발목 관절, 발가락 관절, 척추 관절이다.

주 동작 근육은 전근, 장요근, 대퇴 사두근, 대퇴 내전근, 비복근, 전경골근, 비골근, 경근이다.

〔일어나기 쉬운 장해〕

축구, 럭비에서 일어나기 쉬운 장해는 무릎 인대 단열, 무릎 반월판 손상, 발관절 염좌, 근육 끊김, 하퇴의 타박, 하퇴골 골절 등이다.

〔맛사지의 포인트〕

전근, 대퇴 사두근, 내전근, 비복근 등의 하지의 제근에 중점을 두고, 경찰,파악 수장 유날, 간헐 압박 등의 수기를 실시한다.

발 관절, 무릎 관절, 신전법, 회전법을 실시하여 그 조정을 기하고, 외상의 예방에 대비한다.

또, 헤딩, 스크램 등으로 목을 다치기 쉬우므로 주의해야 한다. 간단한 척추의 염좌나 반 탈구는 마니플레이션으로 조정하는 방법도 있다.

중간 날에는 전신 맛사지를 적당하게 실시하여 컨디션을 정비한다.

● 탁구 (卓球)

탁구는 실내 경기로써, 장소를 가리지 않고, 어디에서라도 손쉽게 할 수 있는 스포츠로써 사람들에게 친숙하게 되어 있다. 스케일이 작은 만큼, 상당한 교묘함과 민첩성이 요구되는 종목으로, 그 동작은 거의 반사적으로 실시된다. 좋은 기술을 키우기 위해서는 밸런스가 잡힌 좋은 자세를 만들지 않으면 안된다.

〔주 동작 근육과 주 동작 관절〕

주 동작 관절은 팔꿈치 관절과 어깨관절, 허리이고, 주 동작 근은 상완 이두근과, 상완 삼두근, 삼각근, 대흉근, 승모근, 광배근, 복근, 요근이다.

〔일어나기 쉬운 장해〕

탁구는 스포츠 중에서는 가장 외상이 적은 종목이지만, 하지의 밸런스를 잃었을 때는 발 관절이나 무릎 관절의 염좌, 또는 강하게 허리를 비틀기 때문에 요통증이 일어나기도 한다.

〔맛사지의 포인트〕

앞에서 서술한 각 동작근과, 관절을 중심으로 일반적인 맛사지를 실시하면 좋다.

언제나 허리를 낮추고 앞으로 숙인 자세이기 때문에, 허리의 근육과 라켓의 조작으로, 어깨와 팔꿈치 주위의 근육에 피로가 일어나기 쉽기 때문에, 그들의 근육을 정성스럽게 사용한다. 그러나, 특히 어느 근육이 강해야 한다고는 말 할 수 없고, 어떻게 '구'를 민첩하게, 반사적으로 끌어가는가 하는 것이 중요하다.

● 수상 경기 (水上競技)

수중에서의 이동 경기이고, 공기 중에서 보다도 많은 저항이 있어서, 그 저항에 대하여 몸을 이동한다고 하는 것은 당연히 전신 운동이 된다. 또 외계보다 온도가 낮은 수중에서 실시하기 때문에, 호흡 기계나 운동기

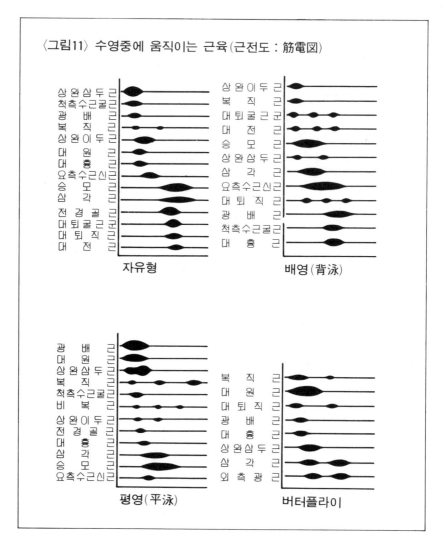

〈그림11〉 수영중에 움직이는 근육(근전도 : 筋電図)

상완삼두근
척측수근굴근
광 배 근
복 직 근
상완이두근
대 원 근
요측수근신근
승 모 근
삼 각 근
전 경 골 근
대퇴굴근군
대 퇴 직 근
대 전 근

자유형

상완이두근
복 직 근
대퇴굴근군
대 전 근
승 모 근
상완삼두근
삼 각 근
요측수근신근
대 퇴 직 근
광 배 근
척측수근굴근
대 흉 근

배영(背泳)

광 배 근
대 원 근
상완삼두근
복 직 근
척측수근굴근
비 복 근
상완이두근
전 경 골 근
대 흉 근
삼 각 근
승 모 근
요측수근신근

평영(平泳)

복 직 근
대 원 근
대 퇴 직 근
광 배 근
대 흉 근
상완삼두근
삼 각 근
외 측 광 근

버터플라이

(특히 근육)계의 움직임은, 다른 스포츠와는 다른 점이 있다.

수영은 그 기본적인 동작으로써, 상지는 앞에서 뒤로 끌어 당기는 운동이 주이고, 하지는 종목에 따라 차이가 있지만, 크롤, 버터플라이, 배영은 발을 편 채 상·하로 버둥거린다. 평영에 있어서는 하지를 구부려 놓고, 물을 뒷쪽으로 차듯이 운동한다.

수영 선수를 보면 중육 중배로 발달한 상체를 지니고, 유연하게 탄력

성을 지닌 근육질의 형이 많다.

수영 경기에는 평영, 버터플라이, 배영, 자유형, 다이빙, 수구 등의 종목이 있다.

〔주 동작 관절과 주 동작 근〕

주 동작 관절은 어깨 관절과 발 관절이 제일 중요하고, 그 외, 팔꿈치 관절, 손 관절, 무릎 관절과 허리를 들 수 있다.

주 동작 근은 상지에서는 상완 삼두근, 척측 수근 굴근, 상완 삼두근, 삼각근, 승모근, 광배근, 하지에서는, 대전근, 대퇴 사두근, 비복근, 히라메근, 전경골근 등이다.

〔일어나기 쉬운 장해〕

수영에서 일어나기 쉬운 장해는 근육 경련(특히 비복근), 어깨 관절통, 요통, 다이빙에서는 경추 부상이다.

〔맛사지의 포인트〕

① 자유형(自由型)…물을 빨리 강하게 헤치기 위해서는 어깨 관절, 손 관절의 운동이 주로 움직이기 때문에, 손 관절 굴곡 근이 중요하고, 큰 회전은 견갑근, 천배근의 작용이다. 또, 스피드를 내기 위해서는 발목이 빠른 '경첩 운동'을 하여 앞쪽으로 추진력이 생기도록 한다. 그러기 위해서는 무릎 관절, 넓적 다리 관절에 가능한 한 힘을 넣지 말고 발목의 '경첩 운동'을 실시한다. 따라서, 전경골근, 비골근 등도 피로해지기 쉬운 점에 주의하여 맛사지를 실시한다.

② 배영(背泳)………위로 향한 크롤이라고도 하며, 거의 크롤과 같은 요령으로 행하는데, 어깨 관절이 주력이 되어 물을 헤친다. 위로 향했을 때 턱을 끌어 당기고, 가슴을 조금 움추리고, 허리는 정상의 자세를 유지하면서 신체의 위치를 바르게 유지하면서 전진한다. 전진때, 전신을 비틀어야 하기 때문에 허리도 중요하다.

③ 그 외의 수영법(水泳法)의 경우도, 대개 ①, ②와 같고, 무어라 해도 온도가 낮은 수중에서의 격렬한 운동이기 때문에, 근육은 상당히 피

로해지기 쉽고, 경련을 일으키기 쉽기 때문에, 경기 전에 주 동작 근을, 경찰법을 중심으로 맛사지하여 순환을 좋아지게 할 필요가 있다. 다만, 너무 오랜 동안의 맛사지는 오히려 근육의 피로를 일으키기 쉬우므로 주의하도록 한다.

경기 중이나 경기 후 등에 경련이 일어나면, 그 근육을 지속적으로 신장하거나, 손바닥으로 경련을 일으킨 근육을 강하게 쥐고 압력을 가하면, 경련은 가라 앉는다. 경기 후는, 그 부분을 중심으로 잘 정성스럽게 맛사지를 실시해 둔다.

● 스 키

스키는 윈터 스포츠의 '꽃'이라고 불리울 정도로, 일반적으로 널리 보급되어 있는 스포츠이다. 그러나, 그만큼 스키는 그다지 워밍업을 착실하게 하지 않은 채 혼잡한 스키장에 나가 미끄러 넘어지는 경우가 많기 때문에 상당히 외상이 많다.

스포츠 경기로써의 스키의 종목에는 활주 경기, 대회전 경기, 회전 경기, 점프 등이 있다.

뭐니뭐니해도, 다른 경기 보다도 스피드와 스릴이 있는 경기로, 그 만큼 전신의 관절, 근육의 움직임이 정확, 강건하지 않으면 안된다. 그 위에 유연성과 민첩성이 요구된다. 재빠른 움직임에 적응해 가는, 신경계의 반사 기구(피드백)도 중요하고, 거기에는 반복의 연습이 필요하다.

〔주 동작 관절과 주 동작 근〕
주 동작 관절은 무릎 관절, 넓적 다리 관절, 선장 관절, 팔꿈치 관절, 어깨 관절, 중지 관절, 손 관절, 발 관절이다.

주 동작 근은 전경 골근, 대퇴 이두근, 반건·반막양근, 대퇴 사두근, 복직근, 비복근, 삼각근, 승모근, 그외, 상완·전완의 제근이다.

다른 스포츠와 운동학적으로 다른 점은, 알펜(활강, 회전, 대회전)에서는 미끄러져 내려가는 스키를 잘 제지하고 콘트롤 하는 것으로, 그를 위해서는 무릎의 굴근과 전경 골근과의 밸런스가 중요하다.

❶—— 활강(滑降)
스피드가 주된 목적이고, 다른 스포츠에 비하여 이것 만큼 스피드를 내는 종목은, 봅레이스와 카레이스 이외에는 없다. 이렇게 고속으로 달리기 위해서는 테크닉과 용기, 지구력이 필요하다.

❷── 대회전(大回転): 활주 경기와 회전 경기의 양쪽 요소를 받아 들인 경기로, 활강 경기와 같은 정도의 스피드 속에서, 회전 경기와 같은 교묘하고 민첩한 회전 동작이 실시되어진다.

❸── 회전(回転)

깃대에 의해 규칙적으로 정해진 코스를 최고의 스피드로 활주하는 경기로, 깃대의 숫자 보다도 어떻게 세트되어져 있는가가 경기의 주안이다.

❹── 점프

육상에서 말하자면 도기의 요령으로, 낮은 자세에서 강하게 양발 동시에 점프하여, 가능한 한 자세를 흩뜨려 뜨리지 말고, 오랫동안 공중을 활주하여, 가능한 한 멀리 있는 설면에 착지하는 경기로, 사지의 관절의 유연성과 착지의 타이밍이 중요하다.

가능한 한 오랫동안 공중으로 뛰어 오르기 위해서는, 밸런스가 중요하며, 그 때문에 상지를 올려 밸런스를 무너뜨리지 않는 폼을 취하는 것이다. 착지의 순간은 발 관절이나, 무릎 관절에 큰 쇼크가 가해지기 때문에, 강한 탄력이 있는 하지를 만들어 놓지 않으면 안된다.

〔일으키기 쉬운 장해〕

스키에서 일으키기 쉬운 장해는 무릎관절 염좌, 발 관절 염좌, 무릎 관절의 통증, 비골 골절, 타박, 손가락 삐는 것 등이다.

〔맛사지의 포인트〕

알펜 경기에서는 스피드의 콘트롤과 좋은 폼을 만드는 것이 가장 중요하다.

점프에서는 거기에 더하여 하지의 도약력이 중요한데, 뭐니뭐니해도 무섭도록 빠른 스피드를 제지하기 위해서, 다른 스포츠에서는 그다지 중요시되지 않는 함스트링스나 전경 골근의 민첩성이 문제된다. 이런 점에서 맛사지를 행할 때에 주의해야 한다. 그 외, 허리의 움직임, 특히 복근과 전근의 밸런스가 중요하다.

충분한 준비 운동과 가벼운 전신 맛사지, 하지근의 주 동작 근의 경기전 맛사지가 유효하다.

또 외상을 방지하기 위하여, 스키의 정비, 스키장의 설면의 상태를 잘 알아 두는 것이 중요하다. 특히, 레크레션으로써 스키를 즐기는 일반인은 충분한 워밍업과 셀프 맛사지를 빠짐없이 실시하여 컨디션을 조정한 다음, 활주하도록 권해 두고 싶다. 숙소를 나와 이내 스키를 신고 리푸트를 타고 간단하게 미끄러져 내려오고 하는 행위는 외상을 입는 첩경이며, 무모한짓인 것이다.

● 검도(劍道)

검도는 옛날부터 우리 나라의 국풍 속에서 육성된 전통적인 무술로써 본디 자신 스스로의 몸을 지키기 위한 것이었으나, 현재는 남녀노소를 막론하고 누구라도 친숙해질 수 있는 일반적인 스포츠가 되었다'

검도는 체조와 같은 개인적인 경기 또는 구기와 같은 팀웍을 중시하는 팀 플레이와는 달리, 승패를 겨루는 상대와의 상호 관계에 의해 성립되는 것이다.

따라서, 상대의 움직임의 변화에 대응하는 공방의 기능(대인적 기능)에 의해 겨루게 되는 스포츠이다. 격투적인 경기이기 때문에, 상대를 존경하여, 예를 바르게 행동하고, 게다가 안전하게 실시하는 태도가 중요하다.

검도는 약 500g의 죽도를 갖고 서로 마주치며 경기를 하기 때문에, 전신적으로 균형이 잡힌 신체와 충실한 마음을 갖고, 재빠르게 검을 다루며, 뛰어난 기를 갖고 있지 않으면 안된다.

〔주 동작 관절과 주 동작 근〕

주 동작 관절은 팔꿈치 관절, 어깨 관절, 손 관절, 무릎 관절, 넓적다리 관절, 발 관절, 경추 관절(특히 환추 - 후두 관절, 환축 관절)이다.

주 동작 근은 상지 이두근, 상완 삼두근, 전완 굴근군, 전완 신근군, 삼각근, 승모근, 광배근, 견갑거근, 대퇴 사두근, 대퇴내전근, 전경 골근, 흉쇄 유돌근, 대흉근, 복근, 요근이다.

〔일어나기 쉬운 장해〕

검도에서 일어나기 쉬운 장해는 타박(특히 팔꿈치 부분), 손가락 삐는 것, 아킬레스건 단열 등이다.

〔맛사지의 포인트〕

① 좋은 준비 자세, 균형이 잡힌 신체를 만들기 위한 전신 맛사지.

② 연습이나 시합 전후에, 특히 팔꿈치 관절과 그 주위의 근육, 특히 비

복근, 대퇴 사두근을 중심으로 맛사지를 실시하다.

③ 목의 움직임은 다른 스포츠 보다 훨씬 중요하기 때문에, 흉쇄 유돌근
이나 승모근의 맛사지가 필요하다.

④ 육체적인 피로 이상으로 정신적인 피로가 크기 때문에, 시합 전후의
릴렉션이 중요하다. 그런 의미에서 후두부에서 후경부, 견배부의 모
지 압박, 모지 유날 등은 효과적이다.

● 유도와 씨름

검도와 함께 우리 나라의 전통적인 경기이며 좁은 공간에서 실시하는 대
인 경기이다. 48수 라고 말해지듯이, 좁은 공간에서 상대를 어떻게 쓰러뜨
릴 것인가가 문제이며, 여기에는 상당히 여러가지 방법, 기가 있다. 여기
에서는 일순간의 틈에 승패가 결정지어져 버리기 때문에, 잠깐의 방심도 허
락되지 않는다.

운동학적으로 씨름은 '누르기'에서 종지되고, 유도는 '던지는 기와 고
정시키는 기'로 상대를 이기는 것으로, 전신의 각 관절이, 각 근육이 사용
된다.

〔주 동작 관절과 주 동작 근〕

유도도 씨름도 좋은 자세와 중심의 안정이 중심이며, 특히 허리의 강함
과 움직임이 중요하다. 전신의 근육은 잘 발달하고, 힘이 있는 것이 유리
한 것은 말할 필요도 없다. 그런 의미에서 팔이나, 어깨의 근력도 기민하
게 몸을 움직이는데 있어서 중요한 역할을 하며, 강한 다리를 갖고 있어
야 한다.

〔일으키기 쉬운 장해〕

유도에서 일으키기 쉬운 장해는 견부좌상, 쇄골 골절, 요통, 무릎 관절
염좌, 넓적 다리 탈구이다.

씨름에서 일으키기 쉬운 장해는 골절(상완골, 쇄골, 하퇴골), 요통, 손
및 무릎 관절 염좌, 타박, 어깨 관절 탈구 등이다.

〔맛사지의 포인트〕

씨름, 유도 선수 모두 상당히 크고, 피하 지방도 많고, 보통 사람의 체
격이 아니기 때문에, 맛사지를 할 때도 강한 힘이 필요하다. 특히 근육

맛사지를 실시할 때는 상당한 힘을 들여 심부까지 미치도록 하지 않으면안 된다. 따라서 수기도 모지 압박, 모지 유날 등이 중심이 된다.

시술 부위, 특히 중점을 두는 곳은 역시, 허리 부분이고 그 외에 견갑부, 무릎에서 하퇴부 등이다.

어깨 관절이나 발 관절이 단단해지기 쉽기 때문에 관절의 신전법, 회전 법 등을 실시한다. 또 추골의 아탈구 등의 이상에는 마니플레이션이 효 과가 있다.

또, 염좌한 관절의 보호로 사포타, 탄력 포대 등을 사용해도 좋다.

● 골프

전쟁 후, 각국에서 야구에 따라서 보급된 스포츠는 골프일 것이다. 처 음에,골프는 상류 계급의 사람들의 부르조아 스포츠로써 생각되어지고 있었 는데, 보다 자연적인 환경 속에서 주위의 아름답고 맑은 공기를 가슴 가 득히 들이 마시면서 땅위에 얹혀 있는 볼을 크라브로 힘껏 쳐서 느끼는 즐거움, 이 건강한 스포츠는, 점차 일반에게 보급되어 지금은 남녀노소 막 론하고 누구라도 손쉽게 즐길 수 있는 스포츠가 되었다.

팀 스포츠가 아닌, 개인이 자유로운 기분으로 즐기는 것이 또 큰 매력으 로 이 운동도 허리를 중심으로, 크게 크라브를 휘두르는 전신 운동이다. 그것 뿐 아니라 상당한 거리를 걷기 때문에 보다 자연스럽게 신체를 사용 하여 건강을 유지시킨다.

경기는 크라브로 작은 볼을 쳐 날려서, 정해진 홀에 들여 보내는, 상당 히 집중력을 요하는 경기이기 때문에, 육체적인 피로 이상으로 정신적인 긴 장에서 오는 피로가 주이다.

골프장의 1라운드는 6키로이고, 이것을 하루 1∼2라운드 실시하기 때 문에 약 10키로의 하이킹을 하는 셈이 되는 것이다. 젊은 사람은 물론이고 고령자에게 있어서는 상당한 운동량으로 육체적인 전신 피로도 피할 수 없 다.

또, 날마다 운동을 하지 않던 사람이 갑자기 변변한 워밍업도 하지 않고 크라브를 잡고 휘두르거나 하면, 요통 등의 장해가 일어나기 쉽다.

〔주 동작 관절과 주 동작 근〕
허리,어깨 관절, 손 관절과 거기에 관련되는 근육근이 주이다.

〔일어나기 쉬운 장해〕

골프에서는 손이나 어깨의 근육이 결리거나, 어깨 결림, 요통, 늑간 신경통, 좌골 신경통, 손 관절의 건소염 등의 장해가 일어나기 쉽다. 특히 40세 이상의 사람에게 이런 경향이 많다. 특히 요추에 이상이 있을 경우에는 전문의에게 뢴트겐 검사 등으로 틀림이 없는 진단을 받을 필요가 있다. 그 외, 노령자로 고혈압이나 심장병이 있는 사람은, 급격한 운동은 피해야 한다.

특히 신체에 자신이 없는 사람이 골프를 실시할 때는, 그 이틀 전부터 요부나, 골갑부를 중심으로 전신 맛사지를 실시해 두는 것이 신체의 컨디션을 정비하고 장해를 방지하여 쾌적한 게임을 즐길 수 있는 비결이기도 하다.

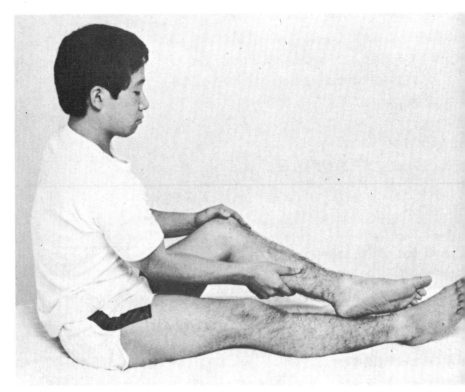

▲셀프 맛사지
  비복근의 파악 유날법

제5장
셀프 맛사지

맛사지는 항상 다른 사람에게 받는 것만은 아니다. 예를들면, 전에 근육이 끊어졌었거나 염좌 등의 외상의 경험이 있는 스포츠맨에게 있어서, 특히 몸의 상태가 나쁘거나, 날씨가 나쁘거나, 체온이 낮아 신체가 식을 때에 경기를 실시하면, 경기중에 돌연 근육의 경련이 일어나거나, 급격한 통증이 오는 경우가 있다. 이럴 때 자신이 아픈 부분을 맛사지하는 요령을 알고 있는 것은 중요하다. 또 단거리의 스타트 때나, 체조 경기, 장대높이 뛰기와 같이 일순간의 실수가 승패에 큰 영향을 주는 경우는, 그 직전에 전신에 힘이 지나치게 들어 있으면 실패가 많기 때문에, 직전에 극히 짧은 시간 동안, 그 경기의 주 동작 근을 자신의 손으로 가볍게 주무르거나, 경련이 일어날 듯한 때는, 그 부분을 가볍게 지압하거나 하여 이상한 긴장을 제거하면, 최대한의 능력을 발휘할 수 있게 되는 것이다.

셀프 맛사지는 전신의 대부분의 부분에 대하여 실시할 수가 있다.

또, 최근에는 여러가지 맛사지나 지압을 하는 간단한 건강 기구가 개발되어있기 때문에, 때로는 적당한 기구를 이용하는 것도 좋은 방법이다.

셀프 맛사지의 수기는, 맛사지의 기본수기를 그대로 응용하면 좋기 때문에 설명은 생략한다. 그러나, 등 부분이나 허리, 전부 등은 자신 스스로는 실시할 수 없기 때문에, 이 부분은 동료에게 부탁하는 쪽이 좋다.

맞사지하는 방향은, 역시 손가락 끝 쪽에서 중추에 가까이 붙이듯이 구심성으로 실시하는 것이 원칙이지만, 극히 한정되어 있는 부분이라면 어느쪽으로라도 '문지르고, 주무른다' 해도 괜찮다. 단, 셀프 맛사지는 다른 사람에게 맛사지를 도움 받는 것보다 왠지 좋지 않을 것 같은 느낌이 들지만, 그러나 타인의 손을 빌리지 않고 극히 손쉽게 실시할 수 있다는 점에서 편리하다.

● 상지(上肢)

● 손가락과 손부분

〔자세〕

좌위로, 맛사지하는 쪽의 앞팔은 팔꿈치를 구부려 자신의 대퇴의 위에 얹고 힘을 뺀다.

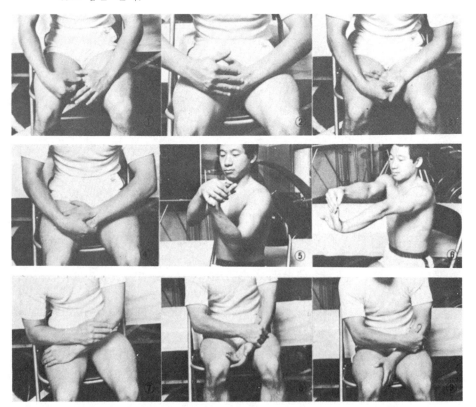

①손가락의 2 지유
날법 ②손등의 지
두유날법 ③수바닥
의 모지구의 모지
압박 ④손관절의모
지강찰법 ⑤손관절
의 모지강찰법 ⑤
손관절의 장굴 ⑥
손관절의 배굴 ⑦
앞팔 뒷쪽의 수장
유날법 ⑧ 앞팔 앞
쪽의 모지압박법⑨
앞팔 밖쪽의 수장
유날법⑩팔꿈치 관
절의 수장경찰법⑪
⑫⑬ 팔꿈치의 신전

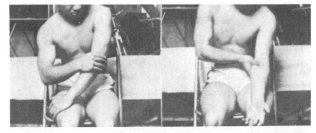

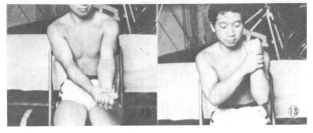

① 손가락의 2 지 경찰, 2 지 유날, 신전법.
② 손등의 수장 경찰, 4 지두유날, 골간의 모지 압박.
③ 손바닥의 수근 경찰, 골간의 모지 경찰, 모지 유날, 모지 압박.
④ 손가락과 손 관절의 운동법.

● 손 관절

〔자세〕
'손가락과 손 부분'과 같다.
① 손 관절 주위의 수장 경찰, 환상 경찰.
② 특히 아픈 힘줄의 모지 강찰, 건이동술.
③ 손 관절의 운동법.

● 앞팔

〔자세〕
좌위로 '손가락과 손부분'과 마찬가지인데, 팔꿈치는 대퇴에서 띄어 두고
힘을 가능한 한 뺀다.
① 앞쪽(굴근군), 밖쪽(요측 근군), 뒷쪽(신근군)의 각각의 수장 경찰,
간헐 압박, 수장 유날.
② 앞팔 전체의 고타법 (수거타, 절타).

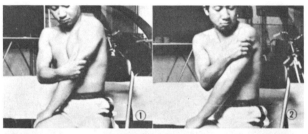

◀상완부
① 상완삼두근의 수장유날법② 삼각근의 수장유날법 ③ 대흉근의 수장유날법 ④ 쇄골 아래의 4 지유날법

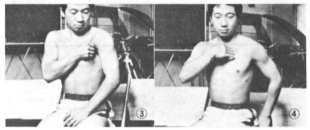

● 팔꿈치 관절

[자세]

좌위로 팔꿈치를 펴고 팔을 앞의 안쪽으로 낸다.

① 팔꿈치 관절 주위의 수장 경찰, 모지 강찰, 모지 압박.

② 팔꿈치의 운동법.

● 상완부(上腕部)

[자세]

좌위로 약간 앞의 안쪽으로 오듯이 힘을 빼고 늘어뜨린다.

① 앞쪽(상완 이두근), 뒷쪽(상완 삼두근)의 수장 경찰, 간헐 압박, 수장 유날.

② 상완 전체의 고타(수거타, 절타, 소지구 회전).

● 견갑골 (肩甲骨)

[자세]

좌위로 팔은 자연스럽게 늘여뜨려 둔다.

① 삼각근부의 수장 경찰, 수장 유날, 그 전록의 모지 유날, 모지 압박 (특히 어깨의 통증이 있는 사람).

② 대퇴 근부의 4지 또는 수장 경찰, 수장 또는 4지 유날(어깨의 앞으로 비스듬히 아래 쪽으로 대퇴근의 근부를 따라 전진하는 기술과, 같은 쇄골의 하부를 옆의 방향으로 향하여 전진하는 기술과가 있다).

③ 견갑상부(승모근, 견갑거근, 극상근). 어깨 끝에서 견갑 상부의 목 뿌리 쪽까지의 4지 경찰. 4지 또는 2지 유날.

이 경우 맞사지하는 쪽의 팔꿈치를 반대의 손으로 가볍게 받치면 실시하기 쉽다.

④ 극하부(견갑극의 아래, 극하근, 대원근, 소원근 등).

맞사지 하는 쪽의 손의 팔꿈치를 반대쪽의 손으로 반대쪽 안쪽으로 끌어당겨 받치면 좋다. 4지 유날 등이 가능하다.

⑤ 광배근. 맞사지하는 쪽의 손은 앞쪽으로 내고, 겨드랑이를 벌리듯이 하면 좋다. 맞사지 하는 손은 가능한 한 내전시켜 요부에서 어깨 끝까지의 수장경찰, 수장 또는 4지 유날

⑥ 어깨의 운동법

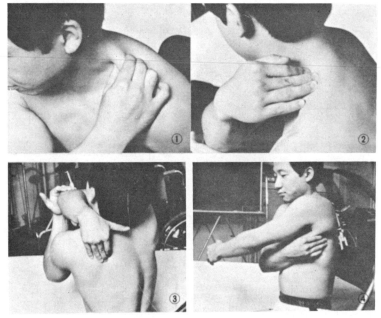

① 견갑상부의 2지유날법 ② 견갑상부의 4지유날법
③ 극하부의 4지유날법   ④ 광배근의 수장유날법

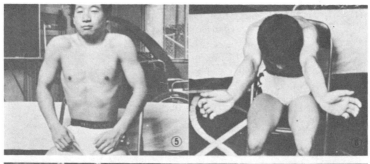

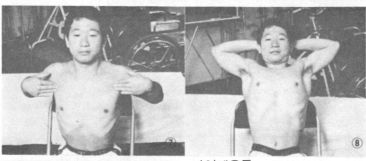

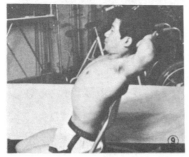

◀어깨운동

⑤ 어깨를 올린다.

⑥ 상지를 앞쪽으로 뻗는다.

⑦ 쇄골 아래 바깥쪽을 4지압박 하며 가슴을 편다.

⑧ 양손을 머리 뒤로 깍지 끼어 팔굽을 젖힌다.

⑨ 어깨를 열고, 의자 등을 강하게 젖힌다.

● 하지 (下肢)

● 발가락과 발부분

〔자세〕

베드, 벤치 등의 위에 한쪽의 하지는 펴고, 맛사지를 받는 쪽의 하지의무릎을 구부리고, 밖 복사뼈가 아래로 되도록 반대쪽의 하지 무릎의 아래에 둔다.

① 발가락의 2지 경찰, 2지 유날, 발가락의 신전법.

② 발바닥의 지과 경찰, 수근 유날, 모지 유날, 모지 압박.
③ 같은쪽의 손으로 발등 부분의 4지 유날, 골간 나란히 힘줄의 지두유날.
④ 발바닥 부분의 수거타.
⑤ 발가락의 운동법.

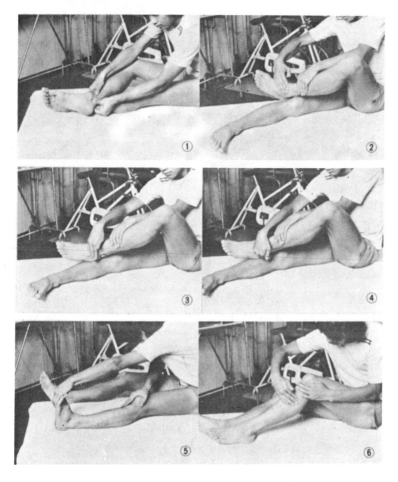

① 아킬레스건의 2지압박법
② 발등의 4지유날법
③④ 발 관절의 소지구(小指球)에 의한 환상경찰법
⑥ 하퇴 앞쪽의 4지유날법

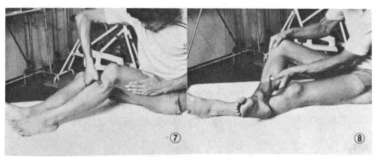

⑦ 하퇴 앞쪽 상부의 모지압박법
⑧ 하퇴 후측근의 수장유날법

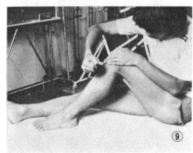

● 발 관절 (足関節)

〔자세〕
① 발 관절 주위의 수장 경찰, 환상 경찰, 모지 강찰법.
② 발 관절의 운동법.

● 하퇴부 (下腿部)

〔자세〕
맛사지 하는 하퇴의 무릎을 직각으로 구부리고 앉는다. 반대쪽의 하퇴
는 펴둔다.
① 전측근(전경골근), 외측근(비골근), 후측근(비복근, 히라메근)의 수
   장 유날 또는 수근 유날, 간헐 압박(때로는 쌍수 유날도 좋다).
② 하퇴 전체의 고타법(거타, 절타 등).

● 무릎 관절 (膝関節)

〔자세〕
맛사지하는 쪽의 비복근의 아래로 목침 등을 집어 넣고, 조금 하퇴를 높
인다.

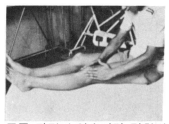
무릎 관절의 양손바닥 경찰법

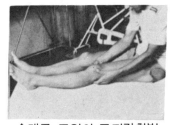
슬개골 주위의 모지강찰법

① 한손 또는 양손으로 무릎 관절 주위의 수장 경찰, 모지 강찰(특히 무릎의 움푹 패인 부분의 주위와 뒷쪽의 힘줄 부착부).
② 무릎 뼈의 이동법과 무릎의 굴신 운동.

● 대퇴부(大腿部)

〔자세〕

앞의 바깥쪽은 무릎을 똑바로 펴고, 안쪽·뒷쪽은 무릎을 구부려 밖으로 뉘워 넓적다리를 벌리듯이 한다.

① 앞쪽(대퇴 사두근), 안쪽(내전 근군), 뒷쪽(대퇴 이두근, 반건, 반막양범)의 수장 경찰, 간헐 압박, 수장 유날.
② 서혜부의 모지 압박, 밖쪽의 모지 압박.

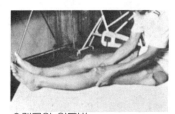
슬개골의 이동법

대퇴사두근의 거상유날법

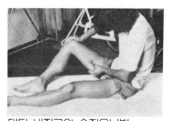
대퇴 내전근의 수장유날법

서혜부의 모지압박법

● 체간부 (体幹部)

● 복부 (腹部)

[자세]

배와위 (背臥位) 로 양 무릎을 세우고 복부를 느슨하게 한다.

① 흉부의 하반부에서 치골까지의 수장 경찰.

② 흉부를 중심으로 왼쪽으로 돌리는 원의 상태로 수장 경찰.

③ 양손의 손가락을 모아 배에 대고, 복부를 짜듯이 수근부와 수지 부를 교호하여 짠다.

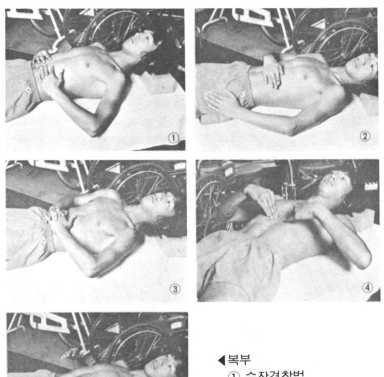

◀복부
① 수장경찰법
② 윤상 (輪狀) 의 4 지경찰법
③ 복직근의 쌍수유날법
④ 늑골궁의 4 지압박법
⑤ 지두고타법

④ 늑골궁을 따라 4지 압박(좌, 우 동시에).

⑤ 복직근부의 4지 압박(좌, 우 동시에).

⑥ 복부 전체의 고타(지첨타).

⑦ 상체 일으키기 운동.

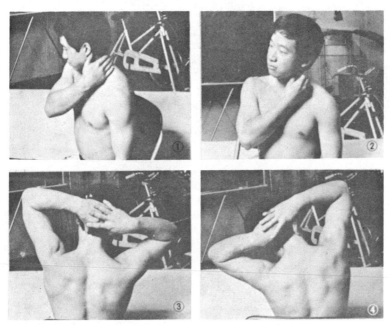

▲경부(頸部)에서 어깨
 ① 경부의 4지경찰법 ② 흉쇄유돌근의 2지유날법 ③④ 모지압박법

● 경부(頸部)에서 어깨(肩)

〔자세〕

좌위(坐位).

① 승모근부(오른쪽은 왼손으로, 왼쪽은 오른손으로), 후두부에서 어깨 끝까지 4지 경찰, 4지 유날.

② 흉쇄 유돌근부(왼쪽은 오른손으로, 오른쪽은 왼손으로), 2지 경찰, 2지 유날.

③ 각각 같은 쪽의 엄지로 '목덜미의 움푹한 곳'을 모지 압박.

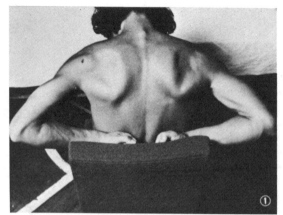

①② 의자에 앉아서 양 손 주먹을 등 가운데에 대고, 상체를 등에 기대어 눌러 붙이듯이 젖히면, 적당하게 척추 양쪽을 압박.

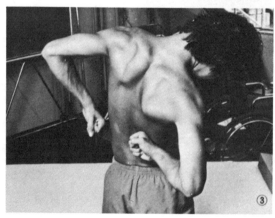

③④ 선 자세에서, 상체를 좌·우로 구부리면서 오른쪽 주먹, 왼쪽 주먹으로 척추쪽을 압박.

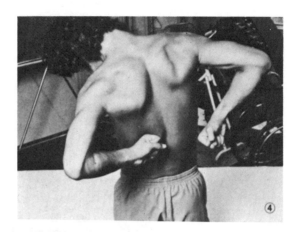

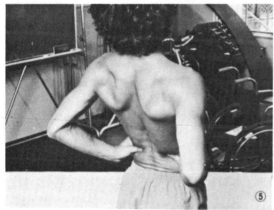

⑤ 양 엄지를 허리에 동시에 대고,   뒤로 젖힌다.

⑥⑦ 좌·우로 구부릴 때, 오른쪽, 왼쪽 엄지로 압박.

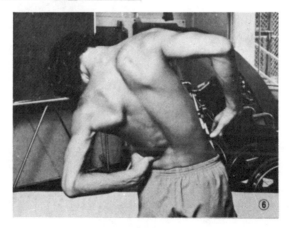

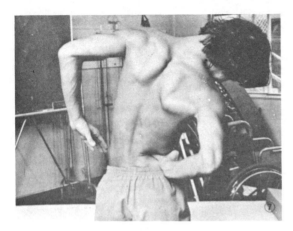

● 배요부(背腰部)

제일 실시하기 어려운 부분이지만 연구하면 실시할 수 있다.

〔자세〕

좌위(坐位).

① 양손 또는 한손을 등 가운데나 허리로 돌리고, 쥔 주먹으로 중지손가락의 관절 부분을 척추근에 누르듯이 대고 압박하거나, 주무른다.

② 양손 또는 한손의 엄지를 척추쪽에 세우듯이 하여 압박하기도 하고, 주무르기도 한다.

▼스포츠 맛사지의 필요용구

제6장
스포츠 맛사지의 마음가짐과
스포츠 맛사지의 건강 관리

● 준비와 마음 가짐

● 준비(準備)

스포츠 맛사지는 누구라도, 어디서라도 손쉽게 실시할 수 있는 것이 중요하다 는 것은 앞에서 서술한 바 있다. 비록 경기중이나 잠깐 동안의 휴식 시간에도 그라운드나 벤치 등에서 셀프 맛사지, 또는 같은 동료끼리 서로 맛사지를 실시한다.

그러나, 경기 후나 시즌 오프 때에 실시하는 전신 맛사지를 실시할 때나 스포츠 장해에 대한 치료 맛사지는 다음과 같은 준비가 있다.

❶──베드에 청결한 시트를 깔고, 모포를 준비한다. 또, 재래식 방인 경우는 방바닥 위에 이불을 깔고 그 위에 시트를 깐다.

❷──맛사지는 상대의 피부에 직접 실시하기 때문에, 맛사지하는 부분을 노출하지 않으면 안된다. 때문에 실온은 20~25도를 유지하도록 한다.

● 마음 가짐

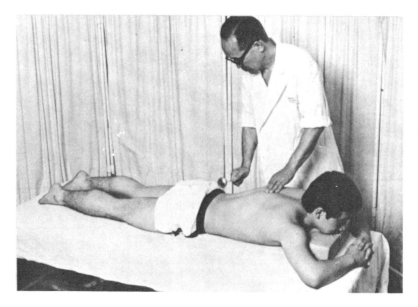

〔맛사지를 받는 사람의 마음 가짐〕

❶——맛사지를 받는 사람은 맛사지를 받는 부분을 완전히 노출시키고, 끈이나 고무줄 등은 풀어 놓도록 한다.

❷——심신 모두 릴렉스시키고, 베드 위에 위치한다. 그리고 맛사지를 받을 부분의 근육은 충분히 느슨하게 해 둔다.

❸——맛사지를 하기 전에 용변은 미리 봐 두도록 한다.

〔맛사지하는 사람의 마음 가짐〕

❶——손가락은 잘 씻고, 손톱은 자르고, 여성의 경우는 반지를 빼고 청결하게 하여 실시한다.

❷——찰 때는 손을 자주 따뜻하게 한다음 실시하고, 화농성의 상처가 있을 경우에는 그 손은 사용해서는 안된다.

❸——실제로 실시할 때는, 건성 맛사지와 습성 맛사지가 있다. 전자는 타르크를 이용하여 실시하고, 후자는 바세린 등을 사용한다. 습성 맛사지는 심부까지 맛사지의 효과가 미치고, 근육에 통증이나 단단해진 부위가 있을 때에 사용한다.

❹——실시하는 사람은 어깨에 힘을 넣지 말고, 손가락을 부드럽게 하여 리드미컬하게 실시한다. 그러기 위해서는 맛사지를 행하기 쉬운 바른

자세를 취해야 한다.

❺── 맛사지를 실시하는 시간은 국부일 때는 5∼10분, 전신일 때는 50분∼1시간 정도로 끝내는 것이 좋다. 기분이 좋다고 해서 너무 장시간 계속하면, 오히려 근육은 피로하게 됨을 주의하도록 한다.

❻── 항상 상대의 기분을 알아서, 부드러운 무드 속에서 실시하는 것이 중요하며, 또 강도도 상대나 그 국부에 맞게 가감하여 결코 거칠게 실시해서는 안된다.

❼── 근육의 맛사지는 자칫하면 부어오른 부분(근복)만을 행하기 쉬운데, 반드시 근육의 끝에서 끝까지(起始終止) 완전히 실시한다.

❽── 스포츠맨 동료끼리 서로 맛사지를 실시하는 경우는, 각각 주 동작 관절이나, 주 동작 근, 그 지배 신경을 알아 두는 것이 요령있게, 효과적으로 실시하기 위해서 필요한 것이다.

❾── 특히 스포츠 장해에 대한 맛사지는 그 적부와 실시하는 시기를 실수하는 일이 없도록 주위해야 한다. 특히, 골절, 탈구, 근육의 끊

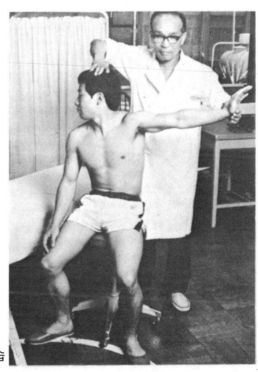

▶척추이상의 진찰 모습

어짐 등은 전문의의 지시를 받은 다음 실시한다.

〔맛사지를 실시해서는 안되는 때〕
❶── 열이 있는 경우(급성 전염병, 그 외, 열이 있는 때).
❷── 부분이 화농되어 있거나 외상으로 출혈이 있는 경우, 또 피부병이 있는 경우.
❸── 안정을 필요로 하는 내과 질환(고도의 고혈압증, 악성의 심장병, 폐결핵, 위궤양 등의 내장의 궤양성 질환, 암이나 내종 등의 악성 종양).
❹── 골절이나 탈구의 초기의 정복(응급 수단으로써 부목, 포대 고정은 필요하지만, 정복은 전문가에게 맡겨 놓는 편이 좋다.), 피로 회복 이나 컨디션을 정비하기 위하여 셀프 맛사지로 가능한 정도의 것은 많이 행하는데, 외상 후의 맛사지 등은 완전히 치료될 때까지 전문 가에게 치료받아야 한다.

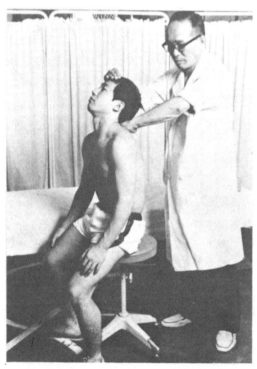

◀척추이상의 진찰 모습

● 스포츠맨의 건강 관리

● 스포츠 장해와 맛사지

〈표 1〉 스포츠와 부상의 종류

스 포 츠	부 상
야구	손가락 삠, 어깨 또는 팔꿈치, 발 관절, 염좌, 요통
축구	하퇴·발 부분의 좌창상, 발관절, 무릎 관절의 염좌, 요골 골절
배구	손가락 삠, 발 관절 염좌
핸드볼 농구	손 관절 부상, 요통
테니스	팔꿈치, 아킬레스건 단열
럭비	무릎 관절 좌창, 쇄골 골절, 어깨 부상
육상 경기	발 관절 염좌, 무릎 관절 부상, 아킬레스건 단열, 발의 진통, 비골 골절, 요통
수영	요통, 경추 골절(다이빙)
체조 경기	발 관절 염좌, 견갑통, 상완, 전완, 쇄골의 골절, 요통
유도	어깨 좌창, 쇄골 골절, 요통 무릎 관절 염좌, 어깨 탈구
씨름	상완골 골절, 하퇴골 골절, 요통, 염좌(발 관절 외), 어깨의 탈구, 타박
레스링	손가락 삠, 손가락 관절 염좌, 발 관절 염좌, 어깨의 탈구
검도	아킬레스건 단열, 팔꿈치 좌창, 쇄골 골절
스키	발 관절, 무릎 관절 염좌, 무릎 관절 부상, 하퇴골 골절

〔어떤 때에 스포츠 장해가 일어나기 쉬운가〕
㉠ 미숙련 (22%)
㉡ 연습 부족 (15. 8 %)
㉢ 불가항력 (9 %)
　기후가 나쁘다. 그라운드 컨디션이 나쁘다.
㉣ 긴장의 결여 (20%)
　반측, 난폭한 행위, 자기 능력의 과신.
㉤ 그외
　시설 설비·용구의 불비, 과도의 긴장(굳어진다).

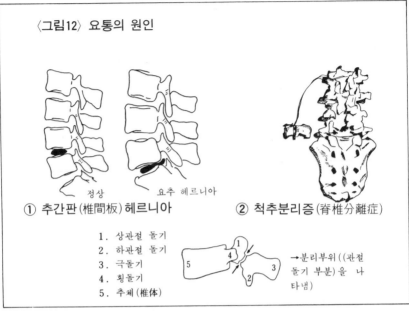

〈그림12〉 요통의 원인

① 추간판(椎間板)헤르니아
정상　요추 헤르니아

② 척추분리증(脊椎分離症)

1. 상관절 돌기
2. 하관절 돌기
3. 극돌기
4. 횡돌기
5. 추체(椎体)

→분리부위((관절 돌기 부분)을 나 타냄)

❶──스포츠 장해가 발생하기 쉬운 시기 1년 중에는 10월에 가장 많다. 일반적으로 시즌의 시작과 끝에 많다. 시즌 초에는 연습 부족이나 미숙련 등의 체력적인 결여에 의한 것으로, 시즌의 끝에는 마음이 풀어지고 긴장 의 결여 등으로, 정신적인 원인이 주이다.

❷──스포츠 장해의 예방

① 상기 요인의 제거.

② 장해 방지의 훈련(예를 들면 유도의 수동적 훈련).

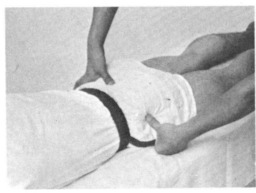

◀요추 헤르니아 등 일때 일 어나는 좌골 신경통의 진단법

▶요근통(腰筋痛)의 진단법

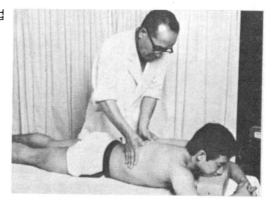

③만일 불행하게도 장해를 입는다면 조기에 철저한 조치를 취한다 (만일 잘 치료해 두지 않으면, 다음의 시합에 지장을 줄 수 있다).

④ 경기에 임할 때의 심신의 준비와, 경기 후의 정비가 중요하다. 이런 의미에서 스포츠 맛사지가 효과가 있다.

〔주로 있는 스포츠 장해의 치료〕

골절이나 탈구 등의 외상은 의사의 진단과 치료가 우선 필요한데, 가벼운 염좌나 요통에 대해서는, 트레이너나 맛사지사가 처치하는 것도 가능하고 또 동료 선수끼리라도 가능한 한 처치하는 것이 좋다.

❶──── 요통(腰痛)

요통은 모든 스포츠에서 가장 일어나기 쉬운 장해이고, 그 원인에도 여러가지가 있다.

〔원인〕

① 추골에 이상이 있는 경우……요추 분리증, 요추삐임증, 압박 골절.

② 연골(추간원판)에 이상이 있는 경우……추간판헤르니아.

③ 근육이나 인대에 이상이 있는 경우……요추 염좌, 극간 인대 단열, 요근통, 요신경통.

④ 자세의 이상 또는 변형성 요추증.

⑤ 내장에서의 반사성 요통……신장병, 위장병.

이상 모두 스포츠 장해로 일어나는 것인데, 스포츠 맛사지의 대상이 되는 것은 ①~③으로 체조, 유도, 그 외에 큰 강한 회전을 하거나, 무거운 것을 들어 올리는 것 등은 특히 요통을 일으키기 쉽다. 또 선천적으로 추골이 약한 사람이, 가끔 스포츠를 시작할 때에 요통을 일으키는 경우도 있다.

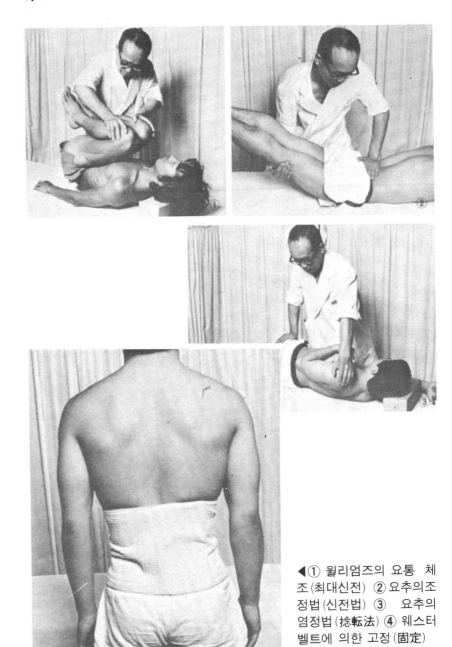

◀① 윌리엄즈의 요통 체
조 (최대신전) ② 요추의조
정법(신전법) ③ 요추의
염정법(捻転法) ④ 웨스터
벨트에 의한 고정(固定)

〔주된 증상〕

① 요추 분리증, 요추 헤르니아 : 요추 분리증이나 요추 헤르니아등은 요추 하부에 많이 일어난다.

　그 부분을 중심으로 허리 전체가 나른하고, 무겁고, 아프다. 또, 척추 양쪽의 근육은 긴장하고, 때때로 강한 압통을 동반한 결림이 나타난다.

〈그림13〉 요통을 방지하는 자세(물건을 들어 올리는 방법)

나쁜 자세
(요통을 일으키기 쉽다.)

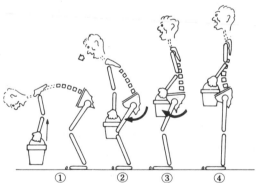

① ② ③ ④

　물건을 들어 올리는 틀린 방법은 등·대퇴의 근육 및 허리에 과중한 무게를 주는 결과가 된다.

　① 바르게 무릎을 구부려 들어 올릴 물건은 몸에 가깝게(가능하면 발 사이)

　② 골반은 끌어당겨 올린다.

　③ 골반을 충분히 끌어 올린 다음 선다.

　④ 하지를 신전 시킨다.

통증은 긴시간 서있거나, 허리를 앞으로 구부리거나 하면, 발작적으로 격증한다.

또, 특히 헤르니아증에서는 심한 좌골신경통을 일으키고, 라세그씨 증후(배와위에서 무릎을 편 채 넓적다리 관절을 구부려 다리를 위로 똑바로 올리면, 정상적인 사람은 거의 직각까지 올리지만, 만일 좌골 신경통이 있으면 45도 이상 올리면 하지의 뒤쪽이 땅기듯이 아프다)가 나타나고, 무릎 반사(좌위에서 무릎을 구부리고 있다가 검사자가 무릎 머리를 치면 무릎이 반사적으로 펴지는 것)가 되지 않고, 엄지로 압박하면 하지의 방향으로 통증이 방산되는 등의 증상이 나타난다.

② 요근통은, 옛날에는 요근 리움치 라고도 했던 것으로 과도의 피로, 차거움 등이 원인으로 요근에 발작적인 격통이 나타나고, 때때로 그 부위가 붓고, 압통, 결림이 일어난다. 그러나 좌골 신경통 등의 증상은 없다.

③ 자세의 이상에 의한 것. 특히, 시즌 오프의 트레이닝을 잊고, 배에 지방이 붙어 근육의 힘이 떨어지면, 배근, 요근과 복근, 하지의 항중력근(전근, 대퇴 사두근)과의 밸런스가 깨져, 척추의 구부러짐이 심하게 되어 전체의 자세가 나빠진다. 이런 때에는, 잠깐의 연습이나 일상의 생활 활동 중에 있어서도 자주 요통을 일으킨다.

증상은 ①또는 ②과 같고 특히, 허리가 전체적으로 나른해지고, 무거워지고, 유연성이 떨어지며, 근육이나 인대도 단단해진다.

〔치료〕

뭐니뭐니 해도 어느 원인에 그 기초를 두고 있는가를 우선 알아야 한다. 요통이 심하다고 해서 결코 그것만으로 선수 생활을 단념해서는 안된다. 적절한 치료와 그 후의 관리를 실시하면, 훌륭한 선수 생활을 계속해 갈 수 있는 것이다.

다만, 악성 신장병(신염, 신경화증) 등의 내장성의 반사성 요통은 맛사지를 해서는 안된다. 이런 경우가 있기 때문에 주의가 필요하다.

맛사지 상대를 복와위로 두고, 등에서 허리에 거쳐 ①수장 경찰, ② 선극근을 중심으로 수근 유날, ③모지 압박, ④특히 요추 쪽의 압통

경결에 대한 지속 압박, ⑤수장 경찰(①과 같다).

온습, 전기치료(적외선, 전광욕, 마이크로웨이브 등)

마니플레이션

요추 분리증, 요추 염좌, 가벼운 헤르니아, 반 탈구 등에는 효과가 있고 단 1회의 조작으로 경쾌하게 되는 경우도 있다.

① 요추 염전법.
② 하지에서의 요추 신전법.

그외

병원에서는 기구를 사용하여 실시하는 경우가 있다. 요통이 있는 사람은 매일 생활 동작에 주의해야 하며, 완전히 치료될 때까지는 언제나 허리를 보호하고 무리를 하지 않도록 자세를 취하면서 활동한다.

❷──염좌와 탈구

염좌도, 요통과 함께 스포츠 장해로 많이 일어나는 증상 중의 하나이다. 일어나기 쉬운 관절로서는, 발 관절, 손 관절, 무릎 관절, 손가락 관절, 넓적다리 관절, 허리 등이다.

탈구는 어깨 관절이 거의 대부분이고 야구나 배구, 핸드볼 등에서 많다. '손가락 삐는것'은 일종의 손가락 관절의 반 탈구인 경우가 많다.

〈그림14〉 염좌의 병체상(病体像)

그림은 발 안쪽에 비틀여 생긴 발관절 염좌의 병상으로 ① 바깥쪽 인대 몇개의 섬유가 끊어져 있지만, ② 완전히 인대가 끊어져 있지는 않다. ③ 골(거골)의 빗나감은 심하지 않고 정상의 위치이다.

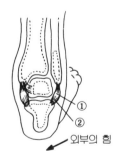

외부의 힘

염좌란 관절에 강한 외력이 작용하여 정상인 관절이 가능 범위를 넘어 운동이 강제되어진 결과 일어나는 관절 장해를 말한다. 관절의 구조에는 이상이 없지만, 주위의 연부 조직(관절포,힘줄 등)이 손상되는 것을 말한다.

탈구란 같은 관절에 강한 외력이 작용하여 관절을 구성하는 골면이 이탈하는 것을 말한다.

〔원인〕

다음과 같은 때에 일어나기 쉽다.

① 미숙련으로 아직 기술이 능숙하지 않을 때.

② 기분이 풀려 부주의할 때, 너무 긴장 했을 때.

③ 준비 부족, 워밍업의 불 충분, 필요한 경기 전의 맛사지를 생략 했을 경우.

④ 조건이 나쁠 때. 예를 들면 그라운드 컨디션이 나쁠 때.

⑤ 전에 한번 염좌의 경험이 있는 사람은, 그 후의 치료가 불충분 했을 때 또다시 일어나기 쉽다 (자주 염좌, 탈구가 일어나는 것은 버릇이 라고까지 일컬어지고 있다.)

〔주된 증상〕

① 동통, 그 국소의 동통, 특히 외력이 작용한 방향으로 움직이면 상당히 아프다.

② 압통, 손상을 입은 인대의 압통 .

③ 부어 오름, 그 국소를 중심으로 관절이 부어 오르고 붉어지며 다소의 열이 난다.

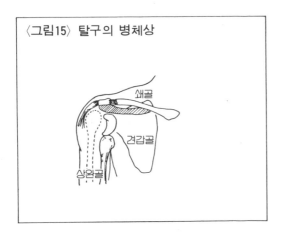

〈그림15〉 탈구의 병체상

④ 운동 제한, 특히 외력이 작용한 방향으로의 운동은 현저히 제한되고, 한참 동안 운동할 수 없다.

〔치료〕

염좌 초기의 처치

① 관절의 안정과 고정, 그를 위해서는 탄력 포대 등으로 관절을 압박, 고정한다. 중증인 염좌에는 간단한 부목을 사용해도 좋다.

② 냉습포, 타올, 스폰지 등을 사용하여 국부의 냉습포, 에키오스, 파텍스 그 외의 습포약을 사용해도 좋다.

맛사지

① 염좌를 일으킨 직후부터 1일 정도 그 관절보다 중추부쪽의 손상되지 않은 부분의 유도 맛사지를 실시한다.

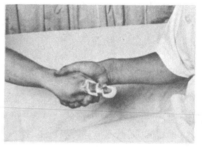

▲발목의 염좌시 탄력포대 고정법　　　▲손가락 고정용 알펜스

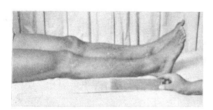
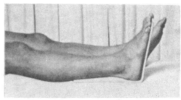
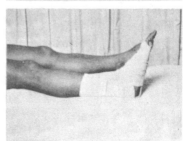

▶알펜스에 의한 고정법 (副子)

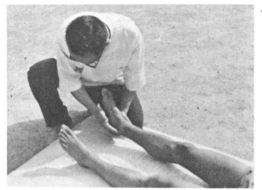

◀발 관절의 맛사지법

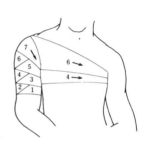

〈그림16〉 어깨의 포대 고정

어깨 관절 탈구를 정복한 후에 실시
하는 포대 고정 때의 감는 방법으로
상완의 중앙에서 포대를 어깨로 향하
여 번호순으로 감아 간다. 4 및 6
은 흉부로 돌린다.

내출혈 등 손상에 의해 관절내의 병적 삼출물을 보다 빨리 제거해야
한다 (경찰법이 중심).

② 외상 후 며칠 (2～5일)이 지나 부증이 조금 풀리면. 적극적으로 나
쁜 국부를 따뜻하게 한 다음, 그 후 관절 맛사지를 개시한다.
수장 경찰, 모지 강찰법, 건 이동법 등을 정성스럽게 실시한 후, 관절
의 타동 운동, 신전법, 저항 운동 등을 실시한다. 그러나, 처음부터
강한 맛사지나 무리한 운동법을 실시해서는 안된다. 부종이나 통증,
압통의 상태를 잘 관찰한 후 서서히 실시해야 한다.

그 외의 주의 관절은 어느 정도 치료될 때까지 맛사지 한 후, 탄력 포대
등으로 보호해야 한다.그리고 가능한 한 식지 않도록, 또 다시 염좌를 일으
키지 않도록 주의해야 한다.

연습이나 시합의 한참 때에 갑자기 당기는 듯 통증이 오는 것은 시합 전의 맛사지가 불충분하기 때문이며, 시합 전에 그 관절을 따라 주위 근육의 컨디션을 정비해 두지 않으면 안된다.

탈구 탈구는 우선 정복이 필요하다.

그러나 손가락을 삔, 손가락 관절의 반 탈구 등은 초보자라도 그 손가락을 똑바로 끌어당겨 주면 정복 가능성이 있지만, 어깨관절 탈구는 의사에게 의뢰해야 한다. 그 후유증에 대한 치료는 염좌와 동일하다.

다만, 염좌보다도 고정, 안정 기간이 길고, 맛사지를 시작하는 시기도 늦다.

물론, 재 탈구를 방지하기 위해서, 주의를 기울여야 한다.

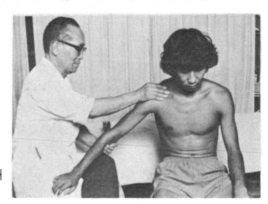

▶탈구 후유증에 대한 어깨
맛사지

❸── 타박상

외력이 몸의 표면에 작용하여, 피부나 피하 조직에 손상을 가져오는 것. 럭비, 축구, 씨름, 유도, 검도 등의 종목에서 특히 일어나기 쉽고, 부분으로는 어깨, 전부, 대퇴부, 하퇴부, 무릎 관절 등이다.

〔주된 증상〕

피하의 혈관이 끊어져 국부는 붓고, 빨갛고, 열이 있으며, 통증이 있다.

〔치료〕

초기의 처치 우선 안정하고, 국부를 차게 하고, 탄력 포대를 감아 압박과 고정을 시키도록 한다.

치급성기가 지난 후 열, 붓기가 가라 앉으면, 우선 국소부터 중추부, 그리고 우환을 중심으로 맛사지를 실시한다.

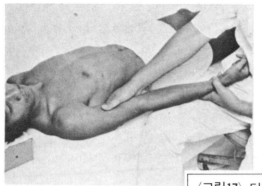

◀팔꿈치 타박증상 때의
상완부의 유도 맛사지

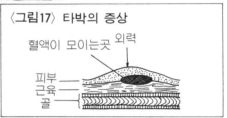

〈그림17〉 타박의 증상

혈액이 모이는곳 외력

피부
근육
골

관절이나 근육 중에, 압통을 동반한 결림이 있을 경우는 모지 강찰, 모지 압박 등으로 풀도록 한다. 또 근육을 충분히 파악 유날, 모지 또는 4지 유날을 실시한 후, 신장법을 실시한다. 혈종이 있어서 좀처럼 좋아지지 않을 경우에는 온열 요법을 병행하면 좋다.

❹── 근육 끊김

근육의 끊어짐은 단거리의 스타트나 질주 중, 높이 뛰기 등의 도약시, 검도 등에서 일어나는 것으로, 근육의 조정이 아직 충분하지 못한 때에 급격한 쇽크가 작용하면 근섬유의 일부가 단열되는 것이다. 반건양근, 대퇴이두근, 내전근이나 대퇴 사두근, 아킬레스건 등에 단열이 일어나기 쉽다.

워밍업의 불충분, 기온이 낮아 근육이 식어 있는 경우 등에 일어나기 쉽다.

〔치료〕

초기의 처리 중증인 경우는 의사에게 진단을 받고, 단열된 근섬유를 봉합하고, 그 후, 한참동안 기부스 등으로 고정한다. 가벼운 경우는 그 근육이 관련하는 관절을 부목이나 포대로 고정 포대를 실시하고, 냉습포를 실시한다. 오랜 동안 안정을 취한다. 끊어진 근섬유가 연결되어 급성 증상이 사라지면 맛사지를 개시한다.

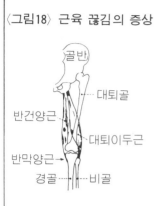

〈그림18〉 근육 끊김의 증상

골반

대퇴골

반건양근

대퇴이두근

반막양근

경골

비골

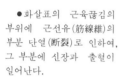

● 화살표의 근육끊김의 부위에 근선유(筋線維)의 부분 단열(斷裂)로 인하여, 그 부분에 신장과 출혈이 일어난다.

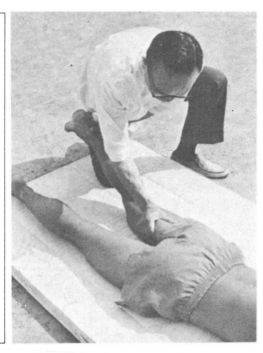

맛사지 단열을 일으킨 근육, 그 주위의 근육은 기부스 고정에 의해 사용되지 않았기 때문에, 근육의 이완이 일어나거나, 근섬유나 관절이 단단해지거나 하기 때문에, 단열이 일어났던 근육과 근육의 움직임에 작용하는 관절을 중심으로 근육 맛사지, 관절 맛사지를 실시한다. 초기에는 그저 가볍게 실시하고, 어느 정도 회복되면, 맛사지에 더불어 근육의 가벼운 신전법, 타동 운동, 저항 운동 등을 순차적으로 실시해 간다.

❺──족통

족통은 육상 경기 선수에게 일어나기 쉽고, 중·장거리에서는 편평족통(발바닥 장심의 통증), 전족부의 통증(피로 골절)이 일어나며, 종골통은 단거리에 많다. 육상 경기 외에도 축구나 럭비 등 많이 달리는 경기에서 일어나기 쉽다.

종골통 종골에 반복하여 강한 충격이 가해져서 일어나는 것으로, 종골의 피하조직의 손상이다. 서서 그 발에만 체중을 두면 아프고, 종의 저면, 측면에 압통이 있다.

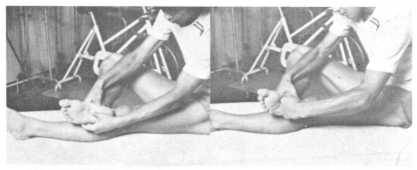

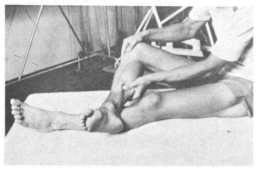

◀발의 통증에 대한 맛사지법

처치 그 부분을 온습포 하고 맛사지를 한다. 아플때는 신발 밑에 스폰지를 넣거나 하여 충격을 얼마간이라도 피하도록 한다.

또 얼마 동안은 런닝을 쉬는 편이 좋고, 시작했을 때는 정성스러운 경기 전의 맛사지가 필요하다.

맛사지는 그 국소를 중심으로 발바닥의 모지 유날, 모지 압박, 아킬레스 건의 부착부의 이중 경찰, 이중 유날 등을 실시한다.

편평족통 본래 편평족인 사람에게 일어나기 쉬운데, 편평족이 아니더라도 장거리를 달리면 발바닥의 근육이 피로하여 발바닥의 장심이 아픈 증상이 나타난다. 특히 도약하거나 차거나 하면 통증이 증가한다.

처치 우선 연습은 무리없이, 발바닥 부분을 따뜻하게, 상대를 복와위로 하여 사진과 같이, 실시하는 사람은 한손으로 발목의 위를 받치고, 또 한손으로는 발바닥을 모지 유날, 모지 압박 등 실시한 후, 발관절에 가벼운 저항 운동을 실시한다.

전족부의 피로 골절에 의한 통증 제 3 ~ 4 중족골의 골간부에 일어나기 쉽고, 장거리를 달리는 것에 의해, 중족골의 피로 골절이 일어나, 경기 중에 또는 경기 후에 발등의 측면이 아프기 시작한다. 다소 발등이 붓기도 하고, 압통을 느낀다.

처치 격렬한 통증이면, 달리는 것을 중지하고, 족부를 기부스나 부목, 반창고로 고정시키고, 안정을 취하며, 2~3일 지나면 온습포를 하고, 맛사지를 실시한다.

맛사지는 발가락을 약간 구부린 위치에서 중족골 사이에 손가락을 집어 넣듯이 하여 지두 유날, 모지 강찰 등을 실시한다.

❻── 어깨의 통증

야구, 투척, 배구, 체조 경기 등은 어깨에 통증이 오기 쉽다. 그 원인은 여러 가지가 있다.

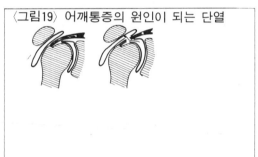

〈그림19〉 어깨통증의 원인이 되는 단열

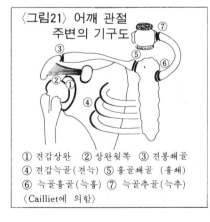

〈그림21〉 어깨 관절 주변의 기구도

① 견갑상완 ② 상완윗쪽 ③ 견봉·쇄골
④ 견갑늑골(견늑) ⑤ 흉골쇄골 (흉쇄)
⑥ 늑골흉골(늑흉) ⑦ 늑골추골(늑추)
〈Cailliet에 의함〉

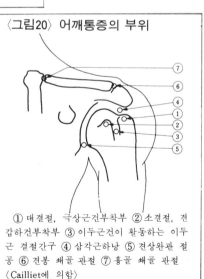

〈그림20〉 어깨통증의 부위

① 대 결절, 극상근건부착부 ② 소결절, 견갑하건부착부 ③ 이두근건이 활동하는 이두근 결절간구 ④ 삼각근하낭 ⑤ 견상완관 절공 ⑥ 견봉 쇄골 관절 ⑦ 흉골 쇄골 관절
〈Cailliet에 의함〉

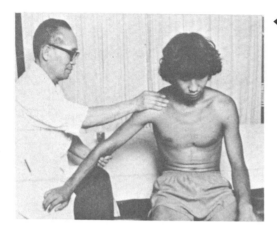

◀어깨 통증에 대한 맛사지

〔원인〕

① 상완 이두근, 장두건의 장해

상완 이두근은 팔꿈치를 구부리는 것뿐 아니라, 동시에 앞팔을 밖으로 돌리는 운동이나 어깨의 굴곡 외전을 행한다. 투구 동작 때, 상지를 대각선상으로 움직일 때 중요한 역할을 한다.

특히 장두는 견갑골의 견봉 끝에서 일어나, 견관절 안을 횡단하여 상완골의 결절 사이를 통과하여 상완부로 나와, 단두와 모아 요골 조면에 부착한다. 팔꿈치의 굴신과 회전할 때마다, 이 장두건은 결절을 미끄러지듯이 이동하기 때문에, 장시간 투구 이동 등을 반복하면 염증을 일으키고 통증과 압통을 호소하게 된다.

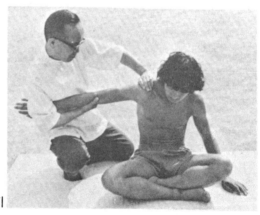

▶어깨 통증에 대한 맛사지

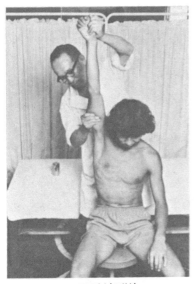
교정신전법

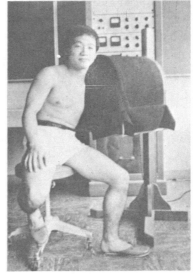
전광욕치료

② 극하근, 소원근, 극상근, 대원근 등의 어깨 관절의 회선 동작에 필요한 근군의 장해.

〔치료〕

맛사지

① 어깨 관절의 관절 맛사지.

② 주위의 근, 삼각근, 대흉근, 승모근, 광배근 등에 대한 일반 맛사지.

③ 어깨 관절의 회선 동작에 관여하는 근육에 대해서는 특히 정성스러운 유날법을 중심으로 맛사지 한다.

④ 맛사지 후, 어깨 관절의 각 방향으로 타동 운동, 교정 신전법을 실시한다.

• 상지 전체의 거상 신전

• 내외선 교정법

　온습포, 초단파 치료, 초음파 치료의 병용.

　그 외의 주의 특히 어깨가 찰 때는 충분히 주의한다. 완전히 치료될 때까지 연습을 피하고, 경기에 임할 때는 정성스러운 시합전의 맛사지로 상태를 정비한다.

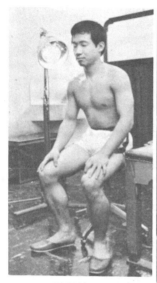

〈그림22〉 사각근 증후군을 일으키는 곳

A : 쇄골하동맥
N : 상완신경총
V : 쇄골하정맥

ASW

CL

RIB

N A V

이 그림은 경수보다 제1늑골의 상쇄 골하(CL)를
통한 상완 신경총 쇄골하속 주행. 전사각근(ASM)
과의 관계를 나타내고 있다.

적외선 치료

❼── 경견완 증후군(頸肩腕症候群)

경견완 증후군이란 목, 어깨, 상지의 통증, 저림, 때로는 손가락 관절
의 근력 저하, 정신적 부안 등의 일련의 증상을 말한다. 스포츠맨에게 있
어서도 격렬한 연습이나 시합 중의 긴장 등으로, 특히 바로 이 병이라고
는 할 수 없어도 이와같은 증상으로 괴로워하고, 경기 성적도 좋지 않은
경우가 있다.

〔원인〕

① 경추에서 흉추 상부의 뼈의 이상

② 사각근 증후근

〔주된 증상〕

목에서 어깨가 긴장되고 결린다. 후경부의 부분에서 목의 뿌리, 극상부
에 압통, 저림이 나타나고, 어깨에서 상지에 걸쳐 전체적으로 나른하며
아프다. 손가락의 저림, 때로는 손가락 근육의 근력 저하 등의 증상과 함
께, 두통, 불면, 정신 불안 등의 신경적 증상도 동반하는 경우가 많다.

〔치료〕

① 목에서 어깨, 상지 전체의 일반적인 맛사지, 특히 승모군, 흉쇄 유돌
근, 극하근 등의 경로를 따라 수장 또는 4지 경찰, 수장 유날, 모

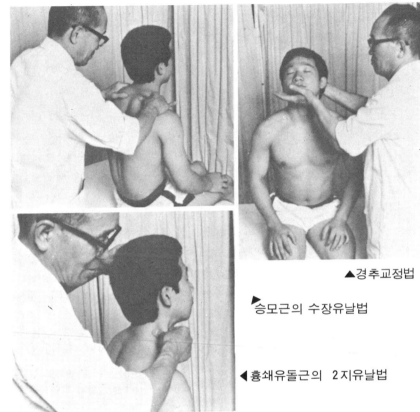

▲경추교정법

▶승모근의 수장유날법

◀흉쇄유돌근의 2지유날법

지 유날, 척추 양쪽, 견갑골 안쪽, 극장부 등의 모지 압박 등을 실시한다.

② 자세를 바르게 하고 추골의 조정을 기하기 위한 마니플레이션이나 자세 교정법을 실시한다.

③ 목에서 어깨에 온습포, 초단파 치료법 등을 병용한다.

❽── 골절(骨折)

럭비, 축구, 체조, 스키, 유도, 씨름 등의 종목에 골절이 많고, 부위로써는 하퇴골, 요골, 쇄골, 지골 등에 많다.

골절은 전도, 충돌 등에 의해 뼈에 큰 힘이 작용하여, 골 조직의 연결을 단절시키는 것이다.

〔주된 증상〕

① 동통, 끊어진 부분이 국소적으로 심하게 아프다.

② 국부는 붓고 열이 난다.

③ 끊어진 뼈의 변형과 이상한 가동성(관절이 아닌 골절 부분이 움직인 다).

④ 주위의 근육의 현저한 긴장, 단축.

⑤ 전신 증상(속크 증상, 빈혈, 의식장해, 그외).

〔치료〕

초기의 처치 정형 외과의사에 의해 치료되어야 하지만, 응급 처치로써는 골절 부분에 부목(얇은 볼트지, 판 조각, 그외의 부목이라도 좋다)을 대고 탄력 포대로 감아, 국소를 고정한다. 만일 외출혈이 있을 때는 지혈을 위하여 강한 압박 포대를 한다.

뭐니뭐니해도, 전문 치료사에 의해 우선 정복시키고, 그 후 기부스 고정을 한다. 기부스 고정은 골절된 뼈와, 그 상·하의 관절을 고정시키는 것으로 그 이상 관계없는 부분까지 고정시켜서는 안된다. 기부스 고정 기간은 지골－2주일간, 요골－3주일간, 쇄골－4주간, 비골－6주간.

맛사지 맛사지는 후기 요법의 하나로써 행해지는데, 기부스 고정 중에도, 고정에 포함되지 않는 부분의 맛사지는 실시하는 편이 좋다. 본격적인 맛사지는 기부스를 푼 다음으로, 비로소 가벼운 경찰법 등에서 시작하여 점차로 고정에 포함된 관절과 그것을 움직이는 근육에 대해서 경찰법, 유날법, 간헐 압박법, 강찰법, 건이동술 등을 실시하여 근육의 구축, 관절의 구축의 개선을 기한다. 관절 구축이 강한 경우는, 맛사지를 실시한 후 ROM(관절 가동역)을 넓히기 위하여 도수 교정이나 도르레 등을 이용하여, 연속적으로 당기는 방법을 사용하는 경우도 있다. 근육은, 장기에 걸친 기부스의 고정 때문에 마르고, 근력도 떨어져 있기 때문에, 점진적인 부하

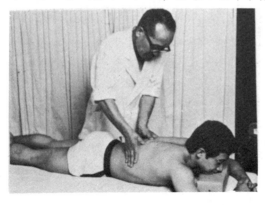

◀위장 장해에 대하여 허리의 모지압박법에 의한 반사적 효과

▶복부 맛사지

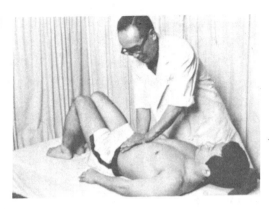

운동이 필요하다 (저항 운동).

맛사지나 교정 운동을 실시하기 전에 상태가 나쁜 부분을 따뜻한 물로 목욕하여 따뜻하게 해두면, 단단해짐도 느슨해지고, 치료에 효과가 있다.

❾──── 위장의 장해

스포츠 중에는, 장시간 격렬한 운동이 계속되어지는 경기 (육상에서는 장거리, 마라톤, 축구, 럭비, 배구, 핸드볼, 야구의 피쳐, 캐쳐)를 실시하는 선수가 위장의 장해를 일으키기 쉽다.

장시간에 걸친 상하지, 몸중심 골격근의 활동은 전신의 스태미너를 소모하고, 위장의 기능도 저하시키는 것이다.

그렇기 때문에, 평상시부터 언제나 위장의 컨디션을 정비하는 노력이 필요하며, 특히 시합 전은 가볍게, 경기 후는 정성스럽게 복근과 요근의 맛사지를 실시할 필요가 있다.

● 스포츠맨의 일상의 건강 관리

시즌 중, 시즌 오프를 통해 스포츠맨의 일상의 건강 관리가 중요하다는 것은 두말할 필요도 없다.

건강 관리는 자기 자신이 하는 것으로, 다른 사람이 시켜주는 것이 아니다.

특히 스포츠맨에게 있어서 시즌 오프는 자기 신체의 부조화, 이상에 빨리 눈치를 채어 어떤 장해가 있든, 보다 빨리 완전한 치료를 해야하는 중요한 시기인 것이다. 대수롭지 않은 외상이라도, 대충 치료를 하는 것이 가장 경계해야 할 사항이다. 반드시 다음 시즌 때에 골치거리의 원인이 될 것이다.

맛사지의 경우에는, 특히 스포츠맨의 호소를 주목하여, 맛사지를 통하여 그 원인의 제거를 위해 노력하려는 것이 중요하다.

많은 호소에는 어깨 결림, 요통, 위장장해 (설사, 변비, 복통), 좌골 신경통, 상지의 통증, 저림, 하지의 서늘함, 식욕부진, 전신 권태 등으로, 이것들 일련의 증상은 심신의 언밸런스, 전신 컨디션의 부조화와 관련되어 있고, 따라서 이 호소들을 풀어 주는 것이 스포츠맨의 건강 관리에도 중요한 역할을 하는 것이 된다.

특히 장해가 없더라도, 때때로는 같은 동료 선수끼리 전신 맛사지를 실시하거나, 때로는 전문 맛사지사에게 전신 맛사지를 받는 것은 좋은 일이라고 생각한다.

또 때때로 전문 의사에게 건강 진단을 받아, 특히 내과적인 이상은 없는가, 어떤가를 알아 두어야 한다. 스포츠맨에게 많은 내과적 이상으로는.

① 폐결핵, 흉막염, 폐렴 등의 호흡기 이상.
② 고혈압, 빈혈 등의 순환기의 장해.
③ 신염.

등을 들 수 있다.

또 신체적 컨디션을 문제시하는 동시에, 정신적인 면의 지도도 중요하여, 그를 위해서는 개인의 성격 테스트에 기반을 둔 카운셀링을 실시한다.

매일의 생활에서는, 밸런스가 잡힌 영양을 섭취하도록 하며, 가정이나 합숙, 학교에서는 좋은 생활 환경을 만드는 것이 중요하다. 그러기 위해서는 규칙적이고 바른 생활, 충분한 수면, 정해진 식사 시간에 따른 식사, 식후의 휴식 등의 점에 대해서도 충분한 주의를 기울여야 한다.

'건강한 육체에 건전한 정신이 머무른다.' 반드시 스포츠 맛사지에 의해, 보다 게임을 즐겁게 기록을 향상시켜, 인류 스포츠맨이 될 것을 마음으로부터 기대한다.

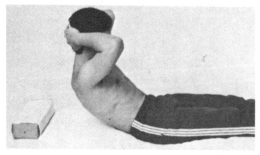

◀복근 강화운동

현대 **지압맛사지법** 교본

2022년 2월 20일 재판
2022년 2월 28일 발행

지은이 | 현대레저연구회
펴낸이 | 최　원　준

펴낸곳 | 태 을 출 판 사
서울특별시 중구 다산로 38길 59(동아빌딩내)
등　록 | 1973. 1. 10(제1-10호)

ⓒ 2009. TAE-EUL publishing Co.,printed in Korea
※잘못된 책은 구입하신 곳에서 교환해 드립니다.

■ 주문 및 연락처
우편번호 ０４５８４
서울특별시 중구 다산로 38길 59(동아빌딩내)
전화 : (02)2237-5577　팩스 : (02)2233-6166

ISBN 978-89-493-0661-2　　　13690